Unfer
Häuser
未完的建築

Florian Kaiser, Guobin Shen

Edition Axel Menges

Impressum
隐私声明

ISBN 978-3-86905-031-7

Texte
文字
Florian Kaiser und Guobin Shen

Vorwort
前言
Kyra Bullert und Prof. Dr. Klaus Jan Philipp

Übersetzung ins Chinesisch
翻译：江嘉玮
Jiawei Jiang

Lektorat
校对
Toni Steiner, Prof. Dr. Klaus Jan Philipp

Gestaltung
编辑
Finken&Bumiller, Stuttgart
Dirk Wagner

Druck und Bindung
印装
Druckerei Vogl, Zorneding

Abbildungsnachweis
图片索引
© 2022 The Andy Warhol Foundation for the Visual Arts, Inc. / Licensed by Artists Rights Society (ARS), New York: S. 78; © Atelier Kaiser Shen: S. 29, 38, 40—41, 60–61, 77, 82, 84—85, 110—111, 113, 115—119; © Classic Cult: S. 25; © Filip Dujardin, Gent: S. 80—81; © Hervé Chandès: S. 27; © Iwan Baan, Amsterdam: S. 34; © Jean-Louis Cohen, Paris: S. 55; © Nicolai Rapp, Stuttgart: S. 30—31, 57; © Patrick Schneider, Stuttgart / © Atelier Kaiser Shen: S. 1, 33, 37, 39, 58—59, 83, 112, 128; © Raymond Depardon: S. 26; © Robert Schediwy: S. 107; © Stefan Müller, Berlin: S. 79; © Sydney W. Newberry: S. 54; © Verwertungsgesellschaft Bild-Kunst: S. 32

Dieser Katalog erscheint anlässlich der Ausstellung *Unfertige Häuser* 未完的建築 *— Überlegungen von Florian Kaiser und Guobin Shen*, die von der architekturgalerie am weißenhof organisiert ist. Sie wird von Kyra Bullert und Prof. Dr. Klaus Jan Philipp kuratiert und vom 30. Juni 2022 bis zum 03. Oktober 2022 in der architekturgalerie am weißenhof in Stuttgart gezeigt.
本书出自白院聚落建筑画廊展览：未完的建築 — Florian Kaiser 和沈国斌的思考。该展览由 Kyra Bullert 和 Prof. Dr. Klaus Jan Philipp 策划，从二零二二年六月三十日至同年十月三日在斯图加特白院聚落建筑画廊展出。

Die Themen des Katalogs entstanden im Atelier Kaiser Shen und wurden bei den Ateliergesprächen vertieft. Wir bedanken uns insbesondere bei allen Gästen dieser Gespräche und den Unterstützern des Buchs:
本书中很多观点来源于在凯撒沈工作室内部不定期举行的一个建筑讨论活动。在此我们特别对参与讨论的客人和其他对本书有帮助的人表示感谢：

Prof. Markus Allmann, Hans Christian Bäcker, Silvia Barbosa Kaiser, Prof. Dr. Helmut Bott, Dr. Uwe Bresan, Frank Bohnet, Sophia Güldenpfennig, Andreas Hardegger, Andreas Hofer, Christian Holl, Christine & Dieter Kaiser, Helene Kerst, Timothy Kölle, Leonie Philipp, Kilian Juraschitz, Beatriz Quintiliano, 罗小米, Patrick Schneider, Michael Schott, 舒泱皓, 苏凌堃, Matthias Stauch, Petra Stephan, Leonie Stier, Paul Vogt, Andreas Zacharatos

Besonderer Dank gilt:
特别感谢：
Kyra Bullert und Prof. Dr. Klaus Jan Philipp

Inhalt
目录

Die Welt von Morgen

Die Welt von Morgen kennen wir nicht! Wird durch die Corona-Pandemie die Welt der Architektur eine andere? Wie wird sich der russische Angriffskrieg auf die Ukraine auf unsere Gesellschaft auswirken? Rücken die Klima-Ziele in den Hintergrund? Steht Gemeinschaft noch zur Debatte oder vereinzeln wir uns? Welche Konzepte werden gefragt sein, welche Angebote kommen aus den Architekturbüros? Wir haben Wünsche und Erwartungen, zuletzt noch Hoffnungen auf eine lebenswerte Welt von Morgen. Dass sich vieles verändert, ist absehbar. Nur was sich verändern wird, steht in den Sternen.

Mit Projekten des Atelier Kaiser Shen aus Stuttgart stellt sich die architekturgalerie am weissenhof e.V. diesen Fragen stellvertretend für eine junge Generation von Architekt*innen. Abseits des Mainstreams entwickeln die beiden aus zwei Weltteilen stammenden Architekten Florian Kaiser und Guobin Shen Bauten, die auf ihre Wandelbarkeit und die diesem Wandel unterworfene Raumidee überprüft werden. Sie stellen dabei ihre Bauten bewusst in ein historisches Kontinuum und suchen Referenzen aus Kunst und Anthropologie. Denn auf die Menschen, die Benutzer*innen und die Bewohner*innen kommt es letztlich an. Werden sie das Haus mögen, schätzen und pflegen? Nur wer das Wagnis des Neuen eingeht und kreative Antworten auf die aktuellen Erfordernisse sucht, wird Antworten auf diese Frage erwarten dürfen.

Die Texte und Thesen dieses Buches wurden angeregt und diskursiv entwickelt in Ateliergesprächen mit externen Gästen im Atelier Kaiser Shen. Welche Wege sich schließlich als gangbar erweisen, wird erst die Zukunft zeigen — in der Welt von Morgen.

Kyra Bullert und Prof. Dr. Klaus Jan Philipp
Kuratoren

明天的世界

明天的世界是怎么样的？我们都不知道！疫情会对我们的建筑产生怎么样的影响？而俄乌战争又会怎么改变我们的社会？气候问题是否会因此而变得次要？还要继续强调共同生活还是每个人只待在自己的那片屋檐下？未来的建筑应该有怎样的理念，我们的建筑师们又会提供什么样的方案？有太多太多的问题等待我们去解答！带着美好的愿望和深深的期待，至少现在我们还是信心满满。可以确定的是，很多改变在等待着我们， 不确定的是到底是怎样的改变。

此次通过展出来自斯图加特的凯撒沈建筑事务所的项目，白院聚落建筑画廊向以他们代表的整个年轻一代提出上述问题。来自东西方不同世界的两个年轻建筑师，福洛里安·凯撒和沈国斌，通过他们的建筑作品，提出了一些有别于主流的建筑观点。 着眼于建筑的可变性以及在变化过程中保证建筑的空间理念，他们尝试对他们的建筑在历史中找到相应的定位。不单单局限于建筑，艺术和人类学也给他们的作品提供的不同的素材，建筑的最终目的还是服务于人，具体来说在里面生活和工作的人。怎样的房子才会让人们欣赏和发自内心的爱护呢？没有人知道，当然只有勇于尝试的建筑师们才有可能找到对未来建筑的答案。

本书中很多观点来源于在凯撒沈事务所内部不定期举行的一个建筑讨论活动，有时也会邀请公司以外的朋友参加。未来的问题是没有标准答案的，本着开放的心态去尝试找到通往未来的道路吧！

展览策划人：凯拉·布勒和克劳斯·杨·菲利普教授

01

Wohnfläche reduzieren
减少居住空间

Seit vielen Jahren beherrscht der Wohnraummangel die Debatten in unserem Land. Bei konstant steigenden Mieten wird es für viele Menschen zunehmend schwieriger, eine bezahlbare Wohnung in der Stadt zu finden. Bei den Debatten entsteht der Eindruck, es gebe generell zu wenig Wohnraum. Doch ist dem wirklich so? Ist der fehlende Wohnraum tatsächlich das Problem oder handelt es sich nicht eher um eine Verteilungsfrage?
In den letzten 60 Jahren ist die individuelle Wohnfläche pro Kopf in Deutschland drastisch angestiegen: Während die Deutschen 1960 im Schnitt 20 Quadratmeter zum Wohnen zur Verfügung hatten, beläuft sich der Wohnflächenverbrauch heute auf fast 50 Quadratmeter[1]. Dieser Anstieg ist nicht nur auf einen steigenden Wohlstand, sondern insbesondere auf die Veränderung der Haushaltstypen zurückzuführen. Im Jahr 1978 wurde noch ungefähr die Hälfte der Haushalte von Familien mit Kindern bewohnt. Wenngleich diese Konstellation vielen bis heute als Idealbild gilt, bildet sie aktuell nur noch ein Viertel der Haushalte ab[2]. Mittlerweile dominieren Ein- oder Zwei-Personen-Haushalte den Wohnungsmarkt, die sich entweder durch den Auszug der Kinder oder durch neue Lebensmodelle ergeben. Viele Menschen leben somit in zu großen Wohnungen, die sich nur schwer teilen lassen.
Um dem Wohnraumdruck entgegenzuwirken, möchte die Politik die Voraussetzungen dafür schaffen, schnell und günstig zusätzlichen Wohnraum zu generieren[3]. Allein das wird die Herausforderungen der Zukunft aus unserer Sicht jedoch nicht lösen. Da nicht der fehlende Wohnraum, sondern dessen Verteilung das eigentliche Problem darstellt, ist die Strategie des schnellen und günstigen Bauens nur bedingt zielführend. Beim Wohnraummangel handelt es sich somit vielmehr um ein strukturelles Problem. Daher sind wir Architekt*innen gefordert, neue typologische Ansätze zu finden.

Seit der Gründung beschäftigen wir uns in unserem Atelier mit ebendieser Fragestellung. Wir untersuchen anhand von Referenzen und eigenen Projekten, inwieweit der individuelle Wohnflächenverbrauch reduziert werden kann, ohne

住房短缺多年来一直是我们国家政治辩论的核心话题。“红黄绿”执政联盟在其2021到2025年的联盟协议中试图以很有希望的“敢于取得更大进步”标题来吸引眼球：“我们的目标是每年建造40万套新公寓……我们将发起一轮建设和投资的攻势，以快速、廉价的方式为生产更多的住宅来创造条件。”这听起来像是一个以“建造、建造、建造”为口号的诱人承诺[3]。建筑行业尤其将会受益，其中当然也包括我们建筑师。然而，我们必须质疑这种狂热的建设能否应对未来的挑战，尤其是更快的住房建设与生态的可持续通常是对立的。在实践中，推倒现有旧建筑然后再造新建筑，当然是一个更舒适的选项。“红黄绿”执政联盟要求建造的住房可以在城市周边的新区更快地实施。这种做法与“敢于取得更大进步”的标题其实并不相符，因为这是基于了一种早已过时的居住区模式。尽管这是个善意的目标，但可能很快导致城市的蔓延（Zersiedelung），对自然的破坏以及城市内部的进一步空缺。若使用新观念来深入发展现有的城市并令城市内部密集化，则会更有意义。然而，人们对高密度建筑普遍怀疑，因为这通常会唤起对像香港这样的高密度城市的不好的联想。其实高密度建筑不定然是坏的，也有像威尼斯这样的城市，城市的高密度被高品质的公共空间所弥补。

海穆特·博特（Helmut Bott）教授绘制了一张清晰图表，将从1960年以来德国每平方米居住空间的供暖需求与人均居住空间进行了比较。自从1973年石油危机以来，每平方米居住空间的供暖需求一直在下降，原因是建筑更加注重节能，特别是在保温做得更好的建筑。另一方面，人均居住空间也呈线性增长。德国人在1960年的平均居住面积为20平方米，但如今这个数据已经上升至将近50平方米[1]。这种增长一方面得益于生活质量的提高，更多是由于家庭类型的变化。在1978年时有一半的德国家庭是有小孩的，而如今这个理想的有小孩的家庭形象只占

dabei an Wohnqualität zu verlieren. Dieses Thema ist nicht neu — es wurde bereits in den 1920er Jahren intensiv diskutiert. Sigfried Giedion kam in seiner Publikation *Befreites Wohnen* (1929) zu dem Schluss: „Das Haus für das Existenzminimum wird nicht geschaffen werden, indem man alle Details einer Villa verniedlicht und in schlechterer Ausführung wiederholt."[4] Giedion forderte also neue konzeptionelle Ansätze: Wohnen sollte radikal neu gedacht werden — auch bezüglich der Ansprüche der Bewohner*innen. Doch wie viel Fläche benötigt ein Mensch zum Wohnen? In der Geschichte gab es wiederholt Ansätze, im Verzicht der Wohnfläche einen Gewinn an Lebensqualität zu sehen. So soll der griechische Philosoph Diogenes von Sinope (4. Jh. v. Chr.) freiwillig ein Leben in Armut geführt und dieses öffentlich zur Schau gestellt haben. Um sich frei und somit von jeglichen Besitztümern unabhängig zu machen, entschied er sich gegen einen festen Wohnsitz und lebte stattdessen an wechselnden Orten. Gelegentlich diente ihm ein Fass als Behausung (siehe Abbildung Seite 24). Das Leben in Einklang mit natürlichen Bedürfnissen sowie die Unabhängigkeit von Besitztümern sollten ihn vor Verlust und somit vor Unglück schützen.

Mit dem Mikrohofhaus, das wir 2018 auf einer lärmumspülten Verkehrsinsel in Ludwigsburg erbauten und in dem wir eine radikale Reduzierung des Wohnraums anstrebten, bezogen wir Stellung zu Diogenes' Thesen. Auf die Frage, wie viel Fläche ein Mensch zum Leben braucht, antworteten wir provokant: 7,3 Quadratmeter.

Inspiriert von Le Corbusiers Cabanon hatten wir versucht, auf alles Überflüssige zu verzichten. Beim Mikrohofhaus wurden in einem Raum sämtliche Wohnfunktionen untergebracht. Durch effiziente faltbare und klappbare Möbel — ähnlich wie beim Volkswagen Bulli (siehe Abbildung Seite 25) — konnten verschiedene Nutzungen überlappt werden und somit war es möglich, die Wohnfläche drastisch zu reduzieren (siehe Abbildungen Seite 29—31).

Die radikale Wohnraumreduktion erfolgte beim Mikrohofhaus im Tauschprinzip: Zu dem kleinen Haus gehört ein großzügiger Garten, der durch eine Mauer vom lärmumspülten Außenraum getrennt ist. Durch den außergewöhnlichen

到四分之一[2]。博特的图表显示，空间供暖需求的下降和居住空间的增加相互抵消。这带来一个问题：能通过更厚的保温层和更复杂的技术来就能应对未来的挑战，还是我们需要对住宅的未来进行更深刻的重新思考？

我们事务所这几年来一直在研究如何在不损失生活质量的前提下减少个人的居住空间。这种想法在1920年代就已被广泛讨论。1929年，西格弗雷德·吉迪恩（Sigfried Giedion）在他广受好评的著作《被解放的住宅》（Befreites Wohnen）里总结道："满足最低限度生存需求的房子不应该是通过缩减一座别墅的细部并廉价仿制它们的方式而建造出来的。[4]"因此，吉迪恩呼吁在观念中采用新方法。我们应当从根本上重新思考生活。

提高生活质量其实也可以反方向行之，即通过舍弃物质上来达到，这在历史上也已经多次发生。早在公元前4世纪的希腊哲学家锡诺普的第欧根尼（Diogenes von Sinope）自愿过着在众目睽睽之下的清贫生活。为了解放自己而不受任何财产的束缚，第欧根尼决定放弃住在固定居所，而四处飘荡。他偶尔会用一个桶作为住所(见24页图)。第欧根尼这种自然的生存方式由于免受财产的束缚，反而能减少他受损失的机会而生活的更加豁达。

大约在1850年，亨利·大卫·梭罗（Henry David Thoreau）进行了一项类似的实验，在瓦尔登湖的一间自建小屋中与大自然一起生活了两年[6]。他在自己的名著《瓦尔登湖》里总结出要通过舍弃来提高生活质量："衡量一个人是否富有的标准是取决于他可以放弃多少。"梭罗以《瓦尔登湖》激励了几代宣扬避世及舍弃富贵的人。在1950年代，勒·柯布西耶（Le Corbusier）在法国南部的马丁岬上建造了小木屋（Cabanon），与此同时大众汽车公司

Standort auf einer Verkehrsinsel und die radikale Flächenreduktion ist das Haus als provokantes Statement und nicht, wie häufig missverstanden, als vervielfältigbares Modul oder als Appell für Tiny-House-Siedlungen zu verstehen.
Noch radikaler als beim Mikrohofhaus hinterfragten wir konventionelle Wohngewohnheiten bei einem Projekt in Potsdam (siehe Abbildung Seite 33). Bei dieser Wohnskulptur stellten wir uns die Frage, für welche Bereiche des Wohnens eine thermische Hülle notwendig ist. Wir wollten uns von der Vorstellung lösen, dass Funktionen klar zu definieren seien, und stattdessen die Bewohner*innen ermutigen, sich die Flächen anzueignen und spielerisch neue Nutzungsmöglichkeiten zu entdecken. Dabei konnte insbesondere die thermisch beheizte Fläche enorm reduziert werden.

Bei unseren bisherigen Ausführungen haben wir uns auf die Reduzierung des Wohnraums eines Individuums konzentriert. Ein vielversprechendes Potenzial zur Flächenreduzierung sehen wir allerdings auch im Wohnen in der Gemeinschaft. Dieses Lebensmodell deckt zudem ein seit Beginn der Menschheit existierendes Grundbedürfnis nach Geborgenheit und Zusammenhalt, das in der heutigen Zeit immer mehr verloren zu gehen droht.
Ein Beispiel einer solchen Gemeinschaft kann bis heute bei indigenen Volksgruppen beobachtet werden. Die Fotografie *Acampamento Watoriki* von Raymond Depardon zeigt ein Dorf der Yanomami in Brasilien (siehe Abbildung Seite 26). Der Dorfgrundriss basiert auf der geometrischen Grundform eines Kreises und symbolisiert bildhaft den Gemeinschaftsgedanken. Rund um eine freie Mitte sind alle Funktionen des Dorfes angeordnet. Die Mitte bleibt Gemeinschaftsaktivitäten vorbehalten (siehe Abbildung Seite 27). Bei indigenen Völkern wie den Yanomami stellt das Zusammenleben in der Gruppe noch immer eine überlebenswichtige Notwendigkeit dar. In den stark vom Individualismus geprägten westlichen Gesellschaften der Gegenwart besteht diese existenzielle Notwendigkeit nicht mehr — dennoch bleibt das soziale Bedürfnis nach Gemeinschaft erhalten. Vergleichbare Beispiele wiederholen sich in der Geschichte. Die Hakka-Tulou in der Provinz Fujian im Südosten Chinas sind typolo-

则批量生产出了布利型号（Bulli）汽车（见25页图）。布利车成为了自由和个性的表达。将车停在大自然中，甚至是湖岸上，每个人都可尝试轻松地在个人空间最小化的场景里舒服度过一个假期。

我们事务所于2018年在路德维希堡（Ludwigsburg）一个嘈杂的交通岛上建造了微庭宅（Mikrohofhaus）。我们在这个项目里对上述例子表明了立场并挑战了一个问题：一个人到底需要多少生活空间？在这个微庭宅里，我们给出的答案是7.3平方米。对我们来说，这个项目更多应该被看作是一种批判或者宣言，而非像常被误解的那样将它严肃视为一个可复制的模块或是对微小住房的呼吁。首先，让我们讨论一下我们是如何通过7.3平方米来解决居住空间问题的。上述棱罗、柯布西耶、布利汽车等例子都存在一个独特的场地位置。然而，微庭宅所处的是一个非常嘈杂的交通岛。所以该房子的概念是基于一种交换准则：为了能在小空间里保证一定的生活质量，我们提供了一个相对宽敞的花园，与外界一墙之隔。此外还为这个项目量身定制开发的高效可折叠家具，居住空间得以实现彻底的减少（见29至31页图）。第一年，住户在这个微庭宅要经历为期一周的试住，而测试结果证明居住质量得到住户的一致肯定。

比微庭宅更激进的是，我们在波茨坦的一个住宅雕塑项目中（见33页图）对生活中司空见惯的东西提出质疑。在此过程中，我们寻找住宅建筑界限的到底在哪里，并且研究哪些区域需要保温。我们希望通过这种摆脱对功能的清晰描述，来为居民提供让他们自己发现生活的方式。

在前文的讨论中，我们专注于如何减少个人的生活空间。这与马克–安托万·洛吉埃（Marc-Antoine Laugier）在《论建筑》（Essai sur l’architecture）一书中描述的

gisch mit den Dörfern der Yanomami verwandt: Auch sie zeigen durch die kreisrunde Form den Gedanken der Gemeinschaft. Allerdings haben diese einen größeren Maßstab: Die mehrgeschossigen Lehmhäuser fassen bis zu 800 Menschen. Nach außen schotten sich die Tulous aus militärischen Gründen durch dicke Wände mit kleinen Fenstern ab. Im Kontrast dazu wirken die Fassaden der kleinen Wohneinheiten zum hofseitigen Laubengang sehr feingliedrig. Gemeinschaftlich genutzte Räume für religiöse Rituale und Feste im Hof stärken zudem den Zusammenhalt der Bewohner*innen (siehe Abbildung Seite 34).
Hinsichtlich ihrer Erschließung sind auch die Pawlatschenhäuser in Wien oder Budapest (siehe Abbildung Seite 35) mit den Tulous verwandt. Auch hier werden alle Wohnungen über hofseitige Laubengänge erschlossen. Durch die Anordnung abseits der Straße bietet die Pawlatsche eine hohe Aufenthaltsqualität und dient dem Nachbarschaftsaustausch, der vielfach von Balkongesprächen geprägt ist. Attraktive Begegnungsflächen wie beim Tulou oder dem Pawlatschenhaus können also die Bildung eines Gemeinschaftsgefühls innerhalb des Hauses fördern. Hierbei drängt sich die Frage auf, wie die Grenzen zwischen dem Privaten und dem Gemeinschaftlichen auszubilden sind und wie das Flächenverhältnis dieser Funktionen aussehen sollte.

In einem Mehrfamilienhaus, das wir aktuell in Altbach bei Esslingen am Neckar bauen (siehe Abbildungen Seite 37–39), befassen wir uns mit ebendieser Fragestellung. Obwohl es sich bei Haus B mit nur elf Wohneinheiten um ein relativ kleines Haus handelt, versuchen wir hier das Wohnen in der Gemeinschaft neu auszuloten. Die Baumasse wurde in zwei Häuser aufgeteilt, die sich eine außenliegende Erschließung teilen. Dadurch sind einerseits alle Geschosse barrierefrei erreichbar und andererseits entsteht ein offener Begegnungs- und Kommunikationsraum. In der Doppelgeschossigkeit werden vielschichtige räumliche Situationen geboten. Die Dachform bildet parallel die Hangtopographie nach und bindet beide Häuser optisch zusammen (siehe Abbildung Seite 37). Gemeinschaft entsteht und wird nach außen hin sichtbar. Dabei können

原始棚屋（Urhütte）作为个人空间想象的。但是，我们可以假设最初的棚屋不是由个人建造的，而是从一开始就是社群努力的结果。史前人类已经生活在一个社群里，而社群给每个人提供的保护是至关重要的。即使这种必要性在今天不再存在，但社交依旧是生活的必需。

在中国东南部的福建省，客家人自12世纪以来一直在建造土楼。这些多层的土坯楼房最多可容纳多达800人，其圆形是土楼强烈社区感的视觉表现。出于军事原因，土楼用厚墙和小窗户将自身隔绝于外界。与此相反，每一个朝向土楼内院的小型居住单元都有极其精致的立面。内院中用于宗教仪式和节日的共用房间也增强了土楼内居民的凝聚力（见34页图）。布达佩斯和维也纳的泼拉森住宅(Pawlatschenhäuser)在类型上具有可比性（见35页图）。在这里，这种被称为泼拉森的住宅楼可以通过内部庭院的拱廊进入。由于它的布局远离街道，泼拉森住宅提供了高品质的公共居住空间，促进邻里交流。

土楼或泼拉森住宅这些建筑里有吸引力的会面区域，能促进房屋内社区意识的形成。主要问题是，如何界定私人和公共之间的界限，以及这些功能区域的面积比例应该是多少。在未来，居住空间的永久持有与灵活共用之间找到一种平衡是应该努力的方向。比如在交通上，现在生活在德国城市里如果没有私家车是完全可以正常生活的，因为通过各种应用程序可以去灵活租用汽车和踏板车来满足需求。但这种共享模式在住宅建筑中尚未普及。可以想象的是，每人只占据小块空间，同时和他人共享共用更多空间来满足他对住宅上整体功能上的需求。 卡雷尔·泰格（Karel Teige）在1932年的《最小住宅》(The Minimum Dwelling）中用一个简单的图解(见36页图）构思了一个有趣的方法[5]。泰格将一间公寓划分为不同的房间群，例如用餐区、起居区、厨房、儿童区

die Bewohner*innen selbst entscheiden, ob sie sich mit den Nachbarn austauschen oder sich komplett zurückziehen möchten. Mit den Bauherren hatten wir im Planungsprozess wiederholt das Verhältnis von dauerhaftem Besitzen und flexiblem Zuschalten diskutiert. Es ist heutzutage völlig normal, in der Stadt kein privates Auto zu besitzen, sondern stattdessen über Apps Sharingmodelle zu nutzen. Im Wohnungsbau sind Sharingmodelle hingegen noch kaum vorhanden. Auch hier sollte es möglich sein, eine kleine Fläche zu besitzen und weitere Flächen mit den Nachbarn zu teilen. Einen interessanten Ansatz hierzu hatte Karel Teige bereits 1932 in *The Minimum Dwelling* formuliert (siehe Abbildung Seite 36)[5]. Er teilte eine Wohnung in verschiedene Raumgruppen auf: Essbereich, Wohnbereich, Küche, Kinder-Spielbereich und individuelle Wohnzellen. Hierbei verwies er darauf, dass wirklich nur die individuelle Wohnzelle privat sei und alle weiteren Bereiche zentralisiert und gemeinschaftlich genutzt werden könnten.

Mit dem Haus B versuchen wir, Karel Teiges Diagramm baulich umzusetzen. Die kleinste individuelle Wohnzelle im Gebäude besteht hier aus einem kleinen Schlafzimmer mit angrenzendem Bad und Mini-Kochzeile. Drei solche Wohnzellen schließen sich zu einer Cluster-Wohnung mit großzügiger Küche und gemeinschaftlich genutztem Wohn-Essbereich zusammen. Somit leben die Bewohner*innen auf einer vergleichsweise geringen Fläche und genießen durch den gemeinschaftlich genutzten Bereich dennoch eine hohe Wohnqualität. Neben den Cluster-Wohnungen gibt es im Haus B noch Zwei-, Drei- und Vier-Zimmer-Wohnungen, die in Bezug auf den Wohnflächenverbrauch ebenfalls erheblich optimiert wurden. Als Kompensation für die vergleichsweise kleinen Wohneinheiten stellt das Haus B verschiedene Gemeinschaftsangebote bereit: einen Allmendraum mit Gästezimmer und Bereich für Co-Working, Carsharing-Parkplätze sowie eine gemeinschaftliche Waschküche. Durch dieses zusätzliche Angebot gewinnen die kleinen Wohneinheiten im Haus B — im Vergleich zu durchaus größeren Wohnungen auf dem Markt — erheblich an Qualität. In unserem Wettbewerbsbeitrag zum EnBW-

和单独的生活单元。他指出，只有单独的生活单元是私有的，其它所有区域都可以集中起来共用。

我们目前在阿尔特巴赫（Altbach）的B屋（Haus B）这个项目（见37至39页图）里正是试图对卡雷尔·泰格图解作出的建筑诠释。虽然这是一栋非常小的只有10个住宅单元的房子，但我们正在尝试重新思考这里的社区生活，我们的目标是在未来的更大的建设项目中实践这一理念。B屋里最小的单独居住单元包括一间小卧室、它旁边的一间浴室和一个迷你小厨房。三个这样的单元组成一个集群，带有一个宽敞的厨房和一个公共的起居和用餐区。因此，该单元非常适合单身人士和年轻的专业人士。其他集群形成两居室、三居室或四居室的公寓，其中的居住空间已优化到适当的下限。不同代际的人可以在此找到适合自己的公寓。所有住宅单元都共用位于中心的公共区域：一个大型的多功能房间，设有一间客房和共享办公区，以及一个公共洗衣房。由于提供了丰富的共用空间，可以减少私人生活单元的面积，同时可以保证所有居民的生活质量。因此，B屋比传统的公寓楼更节省空间。

在设计共用的房间时，重要的是居民将它们视为一种主动的选择。一个好的社区必须建立在居民的主观意愿上。当然建筑平面的中央布局是很重要的，这样一来能通过偶遇的机会来增进邻里交流。私人和公共之间的界限也很重要。因此，应特别注意此处边界的设计。应当在设计里敢于尝试改变边界。在B屋项目里，我们尝试探索不同的隐私幅度。与土楼和泼拉森住宅一样，设计是从中间开始展开的。宽敞的部分双层露台营造出共用的户外区域。起居室直接连接到这些共用的户外区域。露台和起居室可以通过宽大的折叠玻璃连接起来，也可以用不透明的落地窗帘隔开。由于起居室的光线总是通过侧窗得以保证，住户可以灵活地决定是要参与社区活动，还是返回自己的私人生

Areal in Stöckach haben wir das Haus B weiterentwickelt, im Maßstab skaliert und eine Hausgemeinschaft über einen mehrgeschossigen Baublock hinweg entwickelt. Der Grundriss (siehe Abbildung Seite 40—41) ist als radikales Experiment hin zu einem Sharing-Modell zu verstehen. Im äußeren Ring sind extrem kompakte Wohnungen angeordnet, die über Brücken an einen inneren gemeinschaftlichen Ring andocken. Einzelne Cluster-Wohnungen durchdringen beide Ringe. Im inneren Ring gibt es ein reichhaltiges Angebot an Gemeinschaftsräumen. Neben Gästezimmern, Co-Working-Spaces und Waschküchen wurden hier eine Bibliothek und ein kleines Kino implementiert. Die Grenzen zwischen *privat* und *gemeinschaftlich* sind zugunsten einer hohen Wohnqualität bei geringerem Wohnflächenverbrauch verschoben.

Was wollen wir mit unseren Projekten und Wettbewerbsbeiträgen erreichen? Eingangs hatten wir erläutert, dass in Deutschland fast 50 Quadratmeter Wohnfläche pro Kopf beansprucht werden. Das ist aus unserer Sicht zu viel! Ein gesellschaftliches Umdenken ist für die langfristige Reduzierung dieses Wohnflächenverbrauchs dringend notwendig. Dabei sollten wir an Henry David Thoreaus Appell in Walden anknüpfen: „Der Reichtum eines Menschen bemisst sich an der Zahl der Dinge, auf die er verzichten kann.“[6] Während seines zweijährigen Experiments, bei dem er in einer selbstgebauten Hütte am Waldensee inmitten der Natur lebte, lernte Thoreau die Vorzüge des Verzichts kennen. Somit sah er, genau wie Diogenes von Sinope, im Verzicht keinen Verlust, sondern vielmehr einen Zugewinn an Lebensqualität. Beim Mikrohofhaus und bei der Wohnskulptur in Potsdam versuchten wir diese Lebensentwürfe in radikalen Experimentalbauten abzubilden. Eine Skalierung der Ideen setzten wir uns beim Haus B und bei unserem Wettbewerbsbeitrag zum EnBW-Areal in Stöckach zum Ziel. Es gelang uns nachzuweisen, dass unter der Berücksichtigung großzügiger Gemeinschaftsflächen eine Wohnfläche von etwa 25 Quadratmetern pro Kopf ausreicht. Alle erwähnten Projekte sind daher als ein Plädoyer für die Flächenreduzierung bei gleichzeitigem Qualitätszugewinn zu verstehen.

活。只有睡眠区是与社区分开的，以此保证了绝对私密。

每个项目根据大小有适合自己的公共社区规模。那种几代人生活在一个屋檐下的大家庭观念已经越来越少见。家庭社区成为替代品，在某些理想情况下甚至相似于共选家庭（Wahlfamilie）。公共空间的分布应尽量错开层次，根据住房单元（Wohneinheit）、住房集群（Wohncluster）和住房社区（Hausgemeinschaft）的比例在各个层面仔细敲定。为了避免隐匿未来得及使用的共用空间，必须尽早给这些空间分配相对应的功能责任。

我们事务所在施托卡赫（Stöckach）的EnBW的参赛作品则是对B屋想法的一种延续，在整个多层建筑体块上开发的一个住宅社区。平面图（见41页图）应被理解为对共有模式观念的激进实验。极其紧凑的私人公寓布置在外圈，通过桥梁和作为共有空间的内圈相连接。单独的集群住宅贯穿这两个圈。所有住宅单位都是长期住户，或是自我持有的，或是出租公寓。另一方面，内圈的共享空间可以灵活租用。在这里能找到客房、共享办公空间、洗衣房、小型图书馆和小型电影院。因此，私人和公共之间的界限发生了转变，有利于以更少的居住空间来获得一种高质量的生活。

一开始我们就解释了，现在德国人均居住空间将近50平米。在我们事务所对施托卡赫EnBW区的参赛作品中，我们能够证明：当考虑到宽敞的共用区域，其实人均25平方米的居住空间就已经足够了。该项目应被理解为对减少居住空间的一种诉求。

Jean-Léon Gérôme: Diogenes,
Öl auf Leinwand, 74,5 × 101 cm, 1860
让-里奥·杰洛姆，第欧根尼，
油画 ，74,5 × 101厘米，1860年

Volkswagen Bulli Typ 2 T1, 1950
大众房车，布利型 2 T1，1950年

Raymond Depardon: Watoriki
Fotografie, 118 × 175 cm, 2002
雷蒙 · 德巴东，巴西Watoriki 村庄
摄影，118 × 175厘米，2002年

Hervé Chandès: Watoriki (Yanomami)
Fotografie, 20 × 30 cm, 2000
埃尔维·尚戴斯，巴西Watoriki 村庄
摄影，20 × 30 厘米，2000年

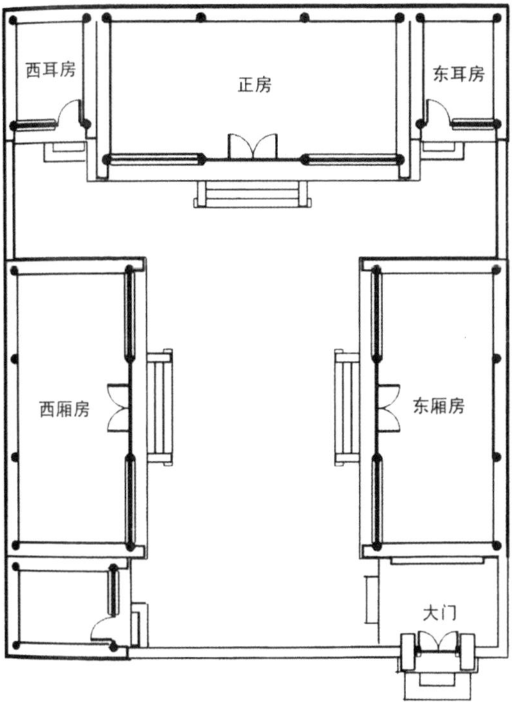

Grundriss: traditionelles
Hofhaus in Peking
传统三合院平面，北京

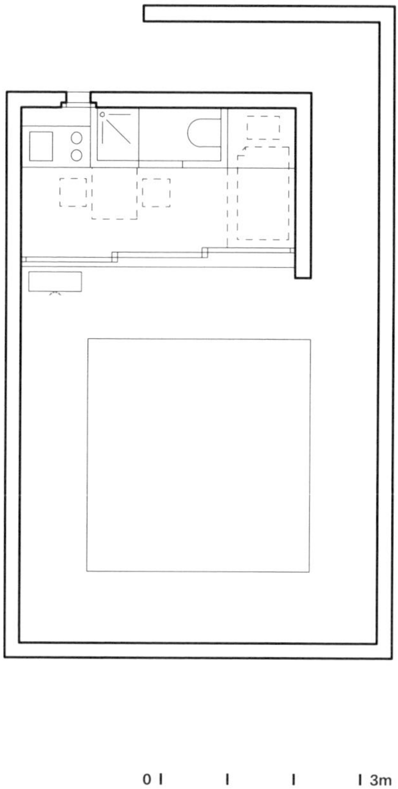

Atelier Kaiser Shen:
Mikrohofhaus, 2017—2018
凱撒沈工作室，微庭房，
2017—2018年

Atelier Kaiser Shen:
Mikrohofhaus, 2017—2018
凯撒沈工作室，微庭房，
2017—2018年

Atelier Kaiser Shen:
Mikrohofhaus, 2017–2018
凯撒沈工作室，微庭房，
2017–2018年

Max Bill: Cover zur Ausstellung
anlässlich seines 75. Geburtstages
im Helmhaus Zürich, 1983
马克斯· 比尔，在苏黎世 Helmhaus 75
岁生日展封面，1983年

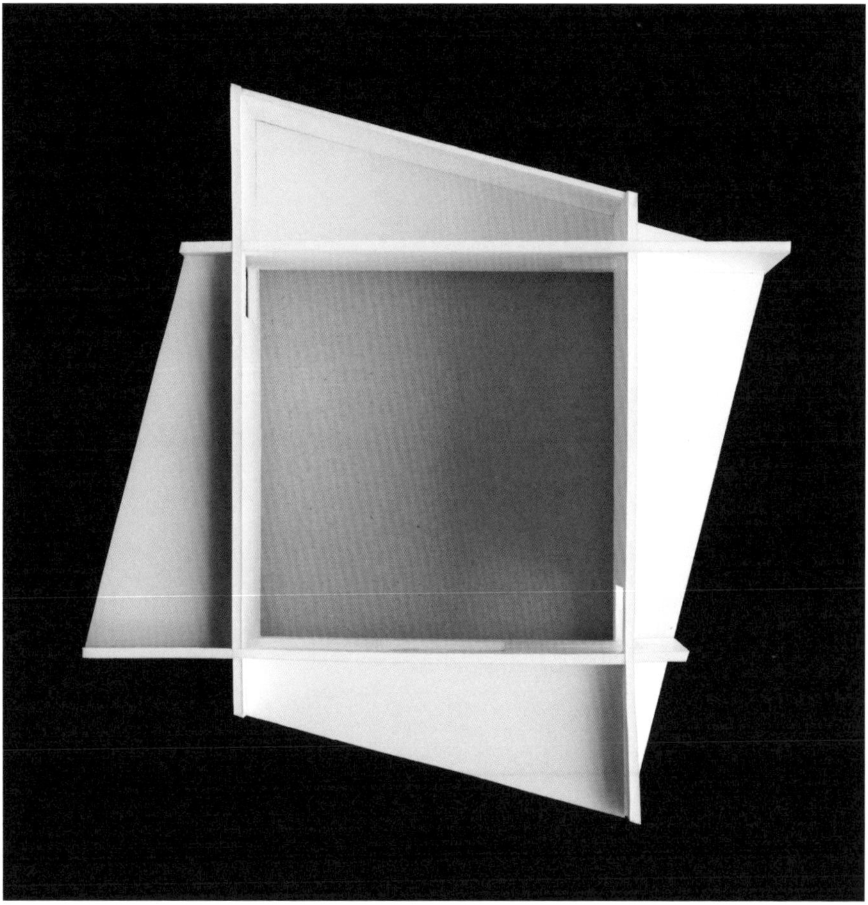

Atelier Kaiser Shen:
Wohnskulptur, 2018
凱撒沈工作室，
雕塑住宅，2018年

Iwan Baan: Tulou, Yongding, 2015
伊万·巴恩，永定土楼，2015年

Pawlatschenhaus in Wien, 1950er Jahre
维也纳波拉森住宅，1950年代

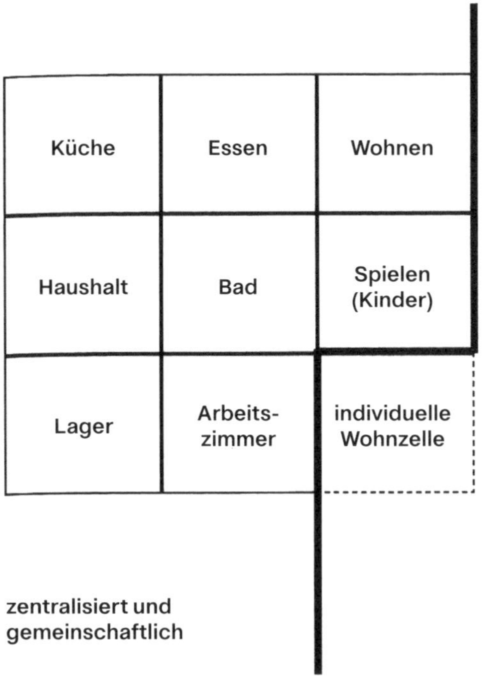

Karel Teige: Schema einer gemeinschaftlichen Wohnung, in The Minimum Dwelling, 1932
卡雷尔 ·泰格，住宅的公共空间示意图
最小住宅，1932年

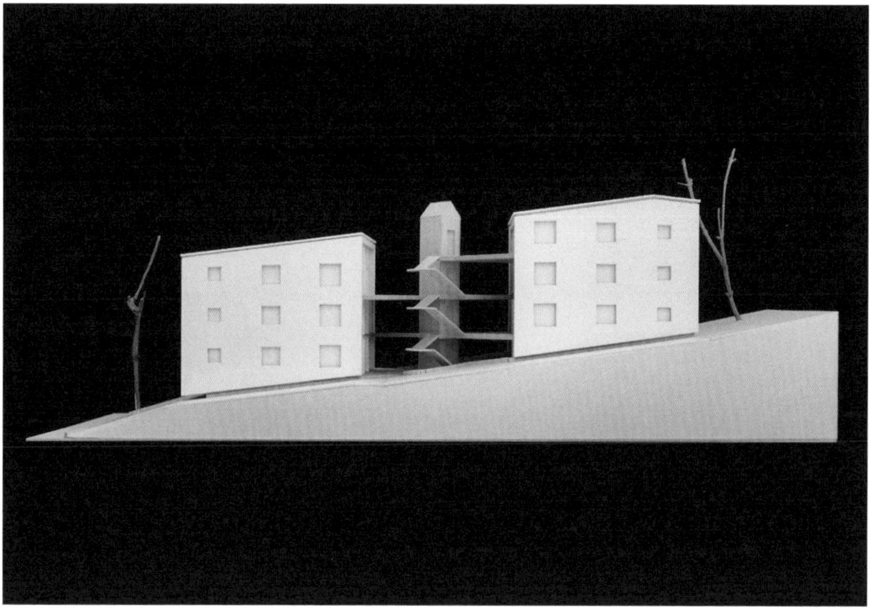

Atelier Kaiser Shen:
Haus B, 2019—2023
凯撒沈工作室，
B屋，2019至2023年

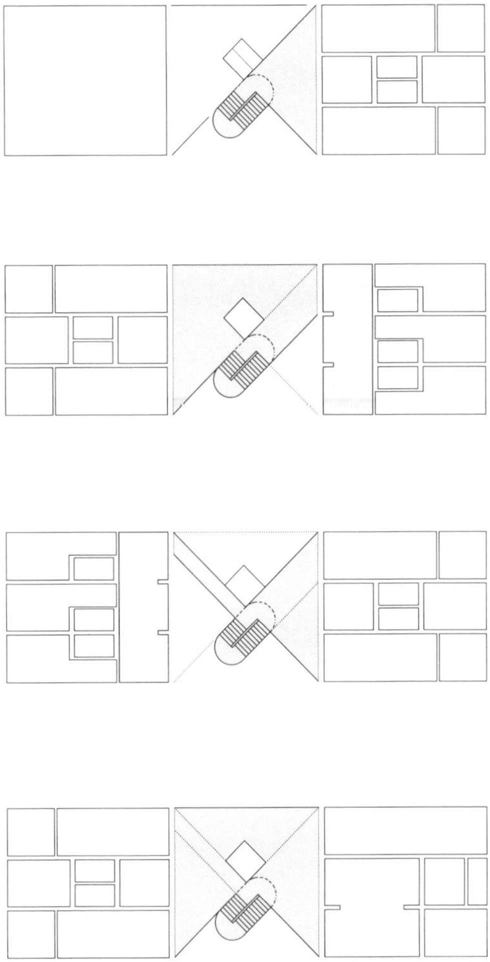

Atelier Kaiser Shen: Haus B, 2019–2023
Grundrisse, Gemeinschaftsflächen gelb markiert
凯撒沈工作室，B屋， 2019至2023年
平面图，黄色代表公共公用空间

Atelier Kaiser Shen:
Haus B, 2019—2023
凯撒沈工作室，
B屋，2019至2023年

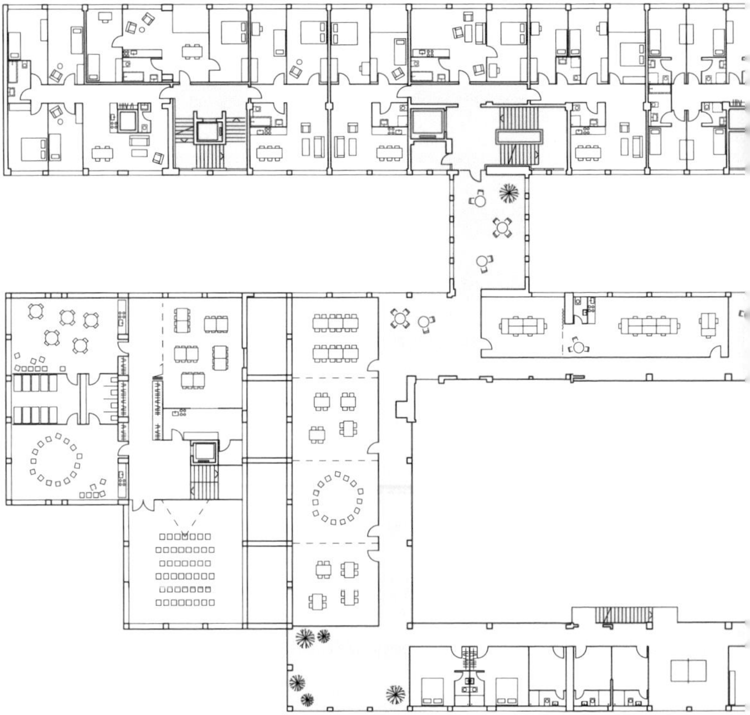

Atelier Kaiser Shen:
EnBW-Areal Stöckach, 2019
凯撒沈工作室，
斯托卡赫EnBW，2019年

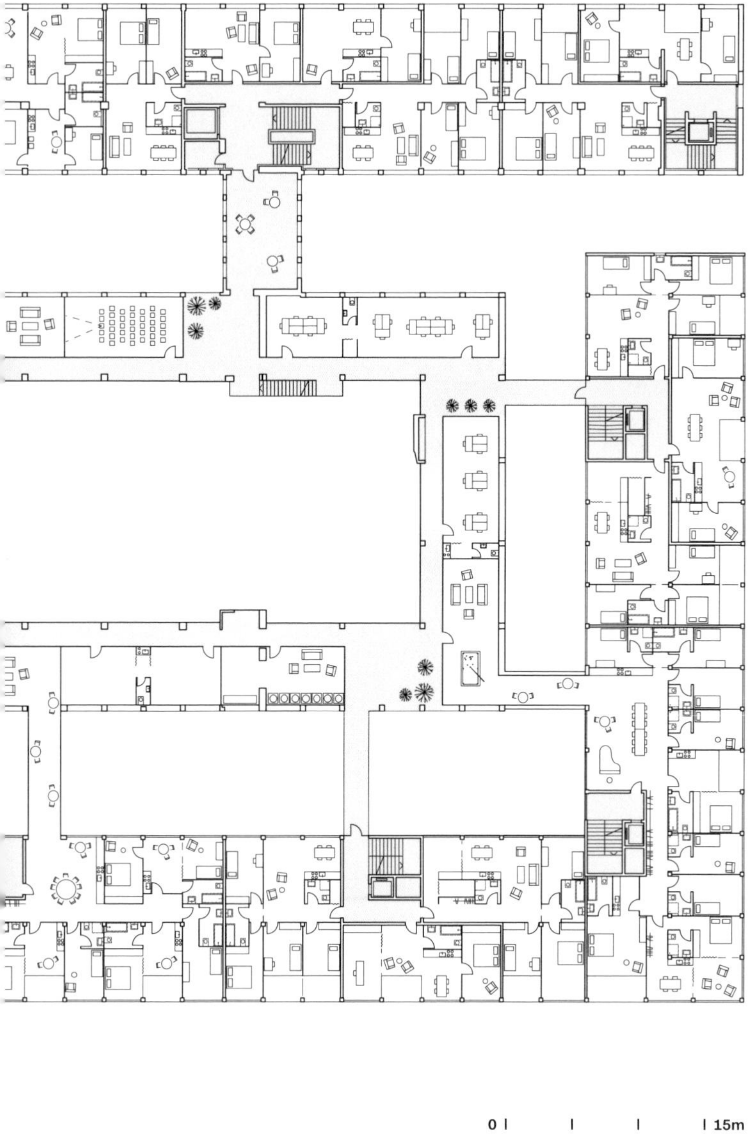
0
15m

02

Unfertige Häuser
未完的建筑

Architekt*innen versuchen meist, in sich schlüssige Baukunstwerke für die Ewigkeit zu erschaffen. Doch hält dieser Anspruch der Realität stand? Sollte das überhaupt das Ziel sein? Als Annäherung an diese Fragestellung soll zunächst erörtert werden, wie das Verständnis unserer Berufsgruppe heute aussieht. Architekt*innen sind eitel und lassen *ihr* Haus schnell nach Fertigstellung fotografieren, bevor das Baukunstwerk durch den *schlechten* Geschmack der Bewohner*innen zerstört wird. Doch warum haben sie Angst davor, dass die Häuser weitergebaut werden? Manche Architekt*innen hoffen insgeheim darauf, dass der Denkmalschutz die Genialität des Entwurfs umgehend nach der Fertigstellung erkennt und einschreitet. Schließlich ist alles in einem idealen Gleichgewicht — nichts ist hinzufügbar und nichts ist wegnehmbar. Vereinbarungen werden zwischen den Parteien getroffen, um das Werk vor Übergriffen zu schützen. Ob allerdings nichts mehr zu tun übrigbleibt und ob sich ein Bauwerk überhaupt jemals in einem endgültigen Zustand befinden kann, wollen wir kritisch hinterfragen.

In der Baugeschichte war es gängige Praxis, auf bestehenden Strukturen aufzubauen. So überlagern sich bei den meisten Gebäuden, die über mehrere Jahrhunderte erhalten geblieben sind, unzählige Zeitschichten. Besonders anschaulich ist dies bei den An- und Umbauten von Kathedralen zu beobachten. Aufgrund neuer Rahmenbedingungen wie Nutzungsanforderungen wurden Bauwerke stets pragmatisch im aktuell gültigen Baustil weiterentwickelt. Die Zeitschichten sind häufig nur von Expert*innen auseinanderhaltbar. Nur einige wenige Bauwerke werden von der Gesellschaft als herausragend betrachtet und in einer festgelegten Zeitschicht konserviert und musealisiert. So wurde etwa bei Palladios *Villa Rotonda* in Vicenza oder Le Corbusiers Doppelhaushälfte in Stuttgart versucht, einen möglichst originalgetreuen Zustand wiederherzustellen. Eine solche Konservierung ist jedoch eher unnatürlich und nur in wenigen Ausnahmefällen zu rechtfertigen.
In vielen Kulturen ist das Weiterbauen von Häusern bis heute eine selbstverständliche Praxis. Eine eindrückliche Um-

通常建筑师都有一个目标，将房子按照他的想象完美建造完成，使其成为永恒的建筑艺术作品。但是否符合现实？这究竟该不该是建筑师的目标？为解决这个问题，我们应该首先看看一下建筑师的表现。他们是如此有虚荣心的，总是在“他们”的房子完工后、赶在这些“艺术作品”被用户的坏品味破坏之前立即就给房子摄影，以此作为该建筑完美状态的一个记录。但为何他们如此害怕房子被改变呢？一些建筑师私下甚至希望遗产保护在他的建筑完工之后便立即介入，这样他设计的奇思妙想就永久存在了。这些建筑对于他们来说是如此经过深思熟虑，增之一分则太长，减之一分则太短。各方之间甚至签订协议以保护完工的房子免受除建筑师想象以外的任何变化。建筑在完工之后是否真就无可改动，然后永远都处于一种一层不变的状态？我们对此种想法表示深深的质疑。

在建筑史上，在现有的建筑物结构基础上继续建造一直是司空见惯的。在大多数能幸存若干个世纪的建筑物上可以看到很多都受到过多次改建。在欧洲很多大教堂中，可以特别清楚地看到这一点。由于跨度很长，建造的条件或者对其的使用方式都会发生变化，教堂总是很务实的使用当下通行的建筑风格来逐步改造。在这种跨度很长的改建建筑上各个僵时间层融合在一起，通常也只有专家才能区分。只有少数一些被社会认可的特别杰出的建筑，才会在一定时期内被保护起来并且在一定意义上被博物馆化，即不再经受任何变化。不管是帕拉第奥（Palladio）在维琴察（Vicenza）的圆厅别墅（Villa Rotonda）还是勒·柯布西耶（Le Corbusier）在斯图加特（Stuttgart）的联排住宅，都通过这种手段来试图尽可能地保留住其最初原始的状态。然而，这种保护其实不是自然发生的，而且只有在少数例外情况之下才证明是合理的。在其它文化中，对完工的房子进行持续的扩建一直是理所当然的。乔治·坎迪里斯（Georges Candilis）与沙德拉赫·伍兹

wandlung erlebte etwa Georges Candilis' und Shadrach Woods' *Cité Verticale* in Casablanca (siehe Abbildung Seite 54). Nach einem rasanten Wirtschaftswachstum in Marokko versuchten einige europäische Architekt*innen in den 1950er Jahren dort neue Wohnungsbaukonzepte umzusetzen — die Stadt Casablanca sahen sie dabei als Laboratorium der modernen Architektur. Die *Cité Verticale* ist eine vertikale Stapelung, inspiriert von der eingeschossigen informellen Siedlung Bidonville. Den mehrgeschossigen Bauten der *Cité Verticale* sind plastisch hervorragend durchgearbeitete Balkone vorgelagert, die durch hohe Mauern von außen blickgeschützt sind und somit die Funktion eines traditionellen Patios erfüllen. Schon bald nach Fertigstellung wurden allerdings die Patios von den Bewohner*innen in Eigeninitiative weitergebaut. Diese Eingriffe sind auf einer Fotografie von Jean-Louis Cohen aus dem Jahr 1990 festgehalten (siehe Abbildung Seite 55). Fast alle Balkone wurden von den Bewohner*innen zu Wohnräumen ausgebaut. Nach außen bildet sich somit eine geschlossene Fassade ab. Dennoch ist das plastisch durchgearbeitete Gerüst der Patios auch heute noch klar erkennbar und die Zeitschichten sind ablesbar. Diese nachträgliche Änderung schadet aus unserer Sicht der Raumidee nicht und kann in gewisser Weise sogar als Bereicherung gesehen werden. Das Haus lebt einfach weiter. Die angeführten Beispiele zeigen auf, dass sowohl in der europäischen Baugeschichte als auch in anderen Kulturen Häuser vielfach weitergebaut wurden. Wir halten auch den Anspruch vieler Architekt*innen, fertige oder vollendete Häuser zu bauen, für unnatürlich und unpragmatisch. Der eingangs beschriebene individuelle Wohnflächenanstieg ist teilweise darauf zurückzuführen, dass Häuser als *fertig* konzipiert wurden und nachträgliche Änderungen nicht zulassen. Wohnungsgrundrisse sind allzu oft nicht darauf ausgelegt, auf sich verändernde Familien- und Wohnverhältnisse zu reagieren.

Ein weiterer Aspekt ist die unterschiedliche Lebensdauer der einzelnen Komponenten eines Gebäudes. Diese beschreibt David J. Tol sehr treffend: „Das Tragwerk bleibt als Hülle bestehen, die Fassade wird alle 50 Jahre erneuert,

（Shadrach Woods）在卡萨布兰卡（Casablanca）的“垂直中心城”（Cité Verticale）项目经历了令人印象深刻的转变（见54页图）。在摩洛哥的经济快速增长后，一些欧洲建筑师在1950年代尝试在这个国家实施新的住房概念，而卡萨布兰卡市成为他们现代建筑的实验场。“垂直中心城”其实是就是一个在垂直方向堆起来的体量，但其每层的平面基本和当地普通平民住宅的居住形式相差无几。在这个多层建筑的立面上比较显眼的是那个具有雕塑特征的阳台，这些阳台被高墙与外界隔绝，来实现了传统平房内天井的功能。但是在建筑完工后不久，由于房屋不适合当地气候，居民自发对天井进行很大程度的改建。这些变化在摄影师让·路易·科恩（Jean-Louis Cohen）于1990年拍摄的一系列照片中得到完整的记载（见55页图）。几乎所有的阳台都被居民改造成了新的居住空间，建筑的外部由此形成一个封闭的立面。尽管如此，形成天井雕塑特征的架子在今天仍然清晰可辨，而我们也能读出此间时间上的层次。在我们看来，这种随后的改建并没有对原先的建筑空间有所损害，甚至可以被视为某种方式的丰富。建筑就以这种方式与时俱进。以上这些例子表明，房子在建筑史上以及也在其它文化中总是在处于不断的改建完善中。据此我们认为，许多建筑师声称要建造一座完成而不受任何改变的房子是不自然甚至是不切实际的目标。在上篇文章我们就提到的个人居住空间的增加很大一部分可以归咎于很多房子在设计之初为被定义“完成的”状态而日后不能改进，以至于住宅的平面未能成功应对不断变化的家庭单位的大小。这样就间接的造成住宅空间的浪费而在今天形成社会问题。

另一方面，其实建筑物内部的不同部位的寿命是不尽相同。大卫· 托勒（David J. Tol）曾经非常贴切地描述过这一点：“支撑结构作为建筑的载体应该做到长时间保持不变，而建筑表皮因为技术的更新基本上每50年得更新一

die Installationen alle 25 Jahre und die Wohnungseinrichtung alle fünf Jahre. Jedes dieser Systeme existiert unabhängig vom anderen, aber alle fügen sich in die Kreislaufwirtschaft.“ [7] Diese Aussage zeigt, wie wichtig es ist, dass sich Häuser pragmatisch verändern können. Die kurze Lebensdauer technischer Einrichtungen darf einer langlebigen Architektur nicht im Wege stehen. Mit diesem Hintergedanken gingen wir auch an die Planung des Wohnheims für Geflüchtete in Schönaich heran (siehe Abbildungen Seite 57—59). Unsere Raumidee basiert auf einem strengen Gerüst, das mit verschiedenem Leben gefüllt werden kann. Inspirieren ließen wir uns dabei von den Skulpturen des Künstlers Sol LeWitt, der in zahlreichen Studien modulare Würfel erschuf (siehe Abbildung Seite 56). Unser Ziel war es, eine einfache Struktur zu schaffen, die von den Bewohner*innen je nach Bedürfnis bespielt werden kann. Anders als üblich, wird das Wohnheim nach Auszug der Geflüchteten nicht zurückgebaut. Mit geringem Aufwand kann es stattdessen in einen sozialen Wohnungsbau umgewandelt werden. Balkone können im Gerüst ergänzt, die technischen Einrichtungen angepasst und Räume zusammengefasst werden, wodurch größere Wohnungen entstehen. Durch dieses Weiterbauen kann das Haus künftig ein neues Leben erhalten.

Ähnliche Gedanken hatten bereits die niederländischen Strukturalisten entwickelt. Herman Hertzberger schreibt hierzu 1973: „Dass wir den Begriff *Form* hervorheben gegenüber *Raum* oder *Architektur* bedeutet nicht mehr als eine Akzentverschiebung. [...] Für uns steht nicht die Erscheinungsform als Umhüllung des Objekts auf dem ersten Platz, sondern die Form als potentieller Inhalts- und Bedeutungsträger. Die Form kann mit Inhalten, Werten und Bedeutungen gefüllt werden, davon aber ebenso wieder entledigt werden, ohne sich wesentlich zu verändern. Dies alles geschieht so, wie Nutzer und Form aufeinander einspielen, einander bespielen.“ [8] Architektur sollte also ein räumliches Angebot bieten, in dem sich die Menschen wohlfühlen und zu dem sie selbst etwas beitragen können. In der Baugeschichte wurden in einer geradezu darwinistischen Auslese diejenigen Gebäude aussortiert, denen das nicht gelingen

次，水电暖通基本每25年得更新一次，家具更是可以根据当下的流行达到每5年更新一次。这些系统中每一个部分都应该在设计之初保证其独立性，这样才能适应其不同的寿命而自由的更新换代。[7]”这听起来合乎逻辑，房子的不同部位可以以此进行更新换代而能适应各个时期的要求。由于技术的实效性比较短暂，每过一段时间就不再符合当下的需求会被新技术替代，而建筑相对来说比较持久。带着这些想法，我们开始规划舍奈希（Schönaich）的难民住宅（见57至59页图）。该建筑的空间理念是建立一个空的框架结构，而其可以根据住户不同的生活方式来不同的填充。艺术家索尔·勒维特（Sol LeWitt）在很多研究中曾尝试用不同框架结构来做各种对中性空间上的尝试（见56页图），这个对我们有所启发。我们的目标是创造一个简单的基础结构，而居民可以根据自己的生活需要能对其进行不同程度的改建，建筑也因此表现出不同的形式。具体到这个项目上是怎么实现的呢？通常在德国，难民住宅的平面由于不适应其他普通住宅的需求，等难民搬出后一般会直接拆除，在我们看来这不失为一种浪费。所以这里我们通过这种给定一个不变的框架结构的方式，稍作改变房子就可以被改造成普通社会住房。阳台可以被添加到这个框架上，而房间可以合并从而形成更大的住房，甚至水电暖通这些也可以轻松升级。而通过这些扩建可以让这座房子因为新的住户的到来而焕然一新。

荷兰的结构主义者（niederländischen Strukturalisten）已经提出了类似的想法。赫尔曼·赫茨伯格（Herman Hertzberger）在1973年对此写道：“我们强调‘形式’（Form）概念而不是‘空间’或‘建筑’，这无非意味着重点的转变……对我们来说，最重要的不是作为包装（Umhüllung des Objekts）的外观形式（Erscheinungsform），而是作为内容和意义的潜在载体的形式。形式能被填入内容（Inhalten）、价值（Werten）和意义

wollte. Betroffen waren vor allem Häuser, die nicht aneigenbar waren oder die keinen künstlerischen oder emotionalen Wert für die Gesellschaft hatten.

Die entscheidende Frage lautet: Wie viel geben die Architekt*innen vor und welcher Spielraum wird den Nutzer*innen überlassen? Zu klar vordefinierte Räume erinnern im Wohnungsbau an Hotelzimmer, bei denen sich die Bewohner*innen wie Gäste und nicht zu Hause fühlen. Den Spielraum in der Aneignung haben wir beim Haus Hoinka in Pfaffenhofen bewusst thematisiert. Als der Bauherr Thomas Hoinka 2018 unser Atelier aufsuchte, hatte er die Vision, ein mit Strohballen gedämmtes Haus zu bauen. Unsere Aufgabe bestand darin, ein Musterhaus zu entwickeln, bei dem alle sechs Fassaden — also auch das Dach und die Bodenplatte — in Strohballenbauweise realisiert werden konnten. Beim Erstgespräch diskutierten wir insbesondere die Herausforderung, die Strohballen in der Bodenplatte dauerhaft vor Wasser zu schützen. Um auf aufwendige Abdichtungen zu verzichten, entschieden wir gemeinsam, das Haus um ein gesamtes Geschoss aufzuständern. Das Erdgeschoss ruht auf einem Betonkreuz und vier Stützen (siehe Abbildungen Seite 60—61). Die vier sich daraus ergebenden offenen Felder sehen wir als Möglichkeitsräume. Sie können von den Nutzer*innen unterschiedlich bespielt werden — so sind etwa eine E-Ladestation für ein Auto, eine Werkstatt oder eine Sommerküche denkbar.
Das Haus verändert sich im Laufe des Jahres: Im Sommer fungieren die Zimmer im Freien als außenliegende Wohnzimmer. Im ersten Ausbaustand entschied sich der Bauherr dazu, in einem Feld eine Einliegerwohnung zu realisieren. Weitere Ausbauten, etwa ein Wintergarten, eine Werkstatt oder ein Gästezimmer, sind zukünftig denkbar. Demnach werden die Bewohner*innen das Haus künftig prägen. Eine solche Aneignung stört die Architektur aus unserer Sicht nicht, sondern kann vielmehr eine Bereicherung für die Raumidee darstellen.
Unsere Ausführungen zeigen, dass es *fertige Häuser* in der Realität praktisch nicht gibt. Ein *fertiges Haus* wäre ein *totes Haus*. Um dies zu erreichen, müsste ein Bauzustand dauer-

（Bedeutungen），但也可以再次清空而不发生显著改变。所有这一切都发生在使用者（Nutzer）和形式的相互作用之中。[8]”建筑应该是提供一个空间架构，人们乐于生活在其中并且他们也可以做出自己在建造上表达。在建筑史上，很多消失的建筑其实都是经历了一种达尔文式的淘汰过程。因为房子已经不合时宜，或者对社会没有艺术或情感价值，人们在这些建筑不再能做出自己的表达时就选择放弃它们。

那么关键问题是：建筑师究竟应该指定什么，又留给用户什么余地？如果一个空间定义得过于完满，比如酒店的房间，客人在空间上没有自我的表达，所以也就没有家的感觉。位于普法芬霍芬（Pfaffenhofen）的霍因卡（Haus Hoinka）住宅是我们尝试对这个问题做出的一个解答。
当业主在2018年来访我们事务所时，他的诉求是希望建造一座以麦秆为保温层的房子。我们的设计任务是开发一个样板，其中包括屋顶和地板在内的所有六个立面都可以用麦秆保温层的建造方式来实现。由于麦秆层不像其他材料，对水的侵害特别敏感。为了省去昂贵的防水设施，我们决定将房子抬高一整层。首楼位于一个混凝土十字型架和四个支架上（见60至61页图）。由此产生的四个开放空间存在多种使用的可能性。用户可以以不同的方式使用它们——可以想象的有电动车的充电站、车间或者夏季厨房。房子一年四季都在变化。在夏季，室外房间用作室外客厅。在第一阶段，客户决定在其中一个空间上建造一个客房。它未来可以做进一步另外的改建，如冬季花园、工作室或客房。这样居民可以根据自己的需求和喜好自由的塑造房子的方式。从我们的角度来看，这样的更易不会干扰建筑，甚至在一定程度上丰富了建筑的表现形式。
通过上述阐述我们想表明，“完成的房子”实际上并不存在。“完成的房子”其实类似一座死房子——房子不会因为新的使用住户和新的使用需求而做任何改变。这可能是适

haft konserviert werden und neuen Nutzungsanforderungen zum Trotz bestehen bleiben. Dies ist jedoch nur im Falle vereinzelter Baudenkmäler angemessen. Alle weiteren Gebäude sind dagegen *unfertige Häuser*: Sie besitzen das Potenzial, innerhalb ihrer Nutzungsdauer mehrfach weitergebaut zu werden, und können somit trotz neuer Anforderungen dem Abriss entkommen. Wir Architekt*innen sollten daher lernen zu akzeptieren, dass sich *unser* Haus verändern und weiterentwickeln wird. Eine gute Struktur bedeutet nach unserer Auffassung somit primär eine gute Raumidee und ist nicht auf das Tragwerk zu reduzieren. Diese Raumidee sollte bei den Menschen ein Wohlbefinden hervorrufen. Beim Weiterbauen soll auf dieser architektonisch-räumlichen Idee aufgebaut werden können. Da ein Umbau diese im Extremfall sogar zerstören kann, gilt es also ein Potenzial zu schaffen, das von den Weiterbauenden erkannt und einbezogen wird.

In der Realität gibt es leider häufig eine Diskrepanz zwischen Raumidee und Interpretation. Im Idealfall hat das Werk so viel Kraft und eine so starke Raumidee, dass diese kommende Umbauten übersteht und dann noch immer bestandsfähig ist. Bruno Taut schreibt dazu: „Bei der Erschaffung eines Bauwerks befindet sich die Funktion in Einheit mit der Proportion. Aber ihre Lebensdauer ist nicht sicher; sie stirbt im Verlauf der Zeiten entweder ganz oder in einigen ihrer Eigenschaften. Die Proportion aber lebt auch ohne sie weiter.“ [9] Wir appellieren somit an Architekt*innen, *unfertige Häuser* mit einer starken Raumidee und zugleich mit einer gewissen Unschärfe zu entwerfen. Dies darf selbstverständlich nicht missverstanden und mit einer unfertigen Planung verwechselt werden. Es gilt, ein in sich schlüssiges Werk mit einer kraftvollen Konzeption zu schaffen. Bei kleineren Um- und Weiterbauten soll die Raumidee so auch ohne das Hinzuziehen von Architekt*innen erhalten bleiben: Sie soll geringe Veränderungen durch Nutzer*innen ertragen oder dadurch sogar bereichert werden. Im Idealfall ist die Raumidee so stark, dass auch Laien diese anerkennen.

用于某种孤立的建筑纪念碑。大部分其它建筑物目标都应该是未完工的。它们有可能在其使用寿命内多次建造，有新的需求，就会改变来抵抗被拆除的命运，与时俱进。我们建筑师应该学会接受“我们的”房子能够更易和进一步发展。在我们看来，这种结构（Struktur）意味着一个好的空间理念，这里我们说的不仅仅是某种支撑结构（Tragwerk）。在这种好的空间理念里面对住户很包容，能让其发挥主观愿望而创造一种幸福，而不是被动接受了事先由建筑师指定了的生活方式。当然在理想情况下，用户在进行改造前也应该对建筑本身的理念心领神会。不然改建行为也可能在极端情况下摧毁原有的空间。因此，建筑师的目标应该是扩大这种空间容纳的潜力，并努力让那些日后继续扩建的人能感知到这一点。

当然也不能排除，有时候用户的理解和建筑师本身的理念不完全一致。在理想情况下，一个好的建筑作品应该具有强大的力量，它的空间理念是如此的强烈，甚至在各种更易后其依然清晰可见。布鲁诺·陶特（Bruno Taut）写道：“在建造一座建筑时，功能与比例是一致的。但是它们的寿命是不确定的；它会随着时间的推移而全部或部分地消亡。然而，即使没有了建筑，比例依旧永存。[9]”因此，我们呼吁建筑是一种“未完工的房子”，它具有强烈空间理念但同时又带有一定模糊性（Unschärfe）来容纳各种更易。当然，这一定不能被误解为“未完成的设计”。重要的是要创作出具有强而有力概念的连贯作品。在较小的改建和扩建情况下，即使没有建筑师的参与，原本的空间观念也会得到保留。用户的微小变化对其只是某种程度上的丰富而无伤大雅。在理想情况下，空间观念是如此强烈，以至于外行人都能认出它。

Candilis und Woods: Cité Verticale, 1952
Candilis und Woods, 垂直中心城, 1952年

Jean-Louis Cohen: Foto der Cité Verticale, 1990
Jean-Louis Cohen, 垂直中心城摄影, 1990

Sol LeWitt: Nine part modular cube,
Emailliertes Aluminium,
219,7 × 219,7 × 219,7 cm, 1977
索尔·勒维特，九个模型立方体， 珐琅
219,7 × 219,7 × 219,7厘米， 1977年

Atelier Kaiser Shen:
Wohnheim für Geflüchtete,
2019–2023
凯撒沈工作室，难民住宅，
2019至2023年

Atelier Kaiser Shen:
Wohnheim für Geflüchtete,
2019–2023
凯撒沈工作室，难民住宅，
2019至2023年

Atelier Kaiser Shen:
Wohnheim für Geflüchtete,
2019–2023
凯撒沈工作室，难民住宅，
2019至2023年

Atelier Kaiser Shen:
Haus Hoinka, 2018—2022
凯撒沈工作室，霍因卡屋，
2018至2022年

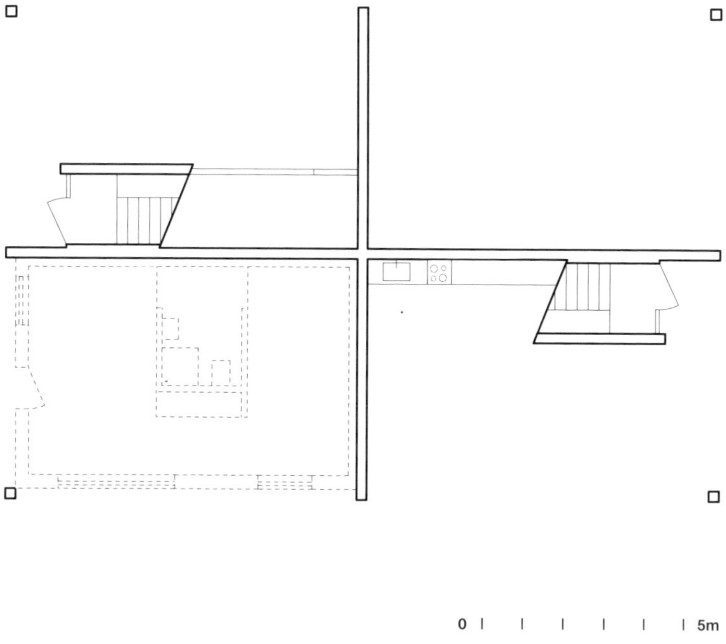

Atelier Kaiser Shen:
Haus Hoinka, 2018—2022
凯撒沈工作室，霍因卡屋，
2018至2022年

03

Räume ohne Eigen-schaften 没有属性的房间

Seit der klassischen Moderne wurden Wohnungen im Hinblick auf ihre Funktionalität bis ins letzte Detail optimiert. Ein besonders eindrucksvolles Beispiel ist Margarete Schütte-Lihotzkys *Frankfurter Küche* (1926): Jeder Zentimeter dieser kompakten Küche wurde mit einem großen gestalterischen Anspruch bis auf den kleinsten Handgriff perfektioniert.
An einer vergleichbaren Optimierung war auch Ernst Neufert interessiert, als er 1936 die *Bauentwurfslehre* publizierte. In zahlreichen Zeichnungen bot er auf die Ergonomie des Menschen angepasste Maße für diverse Bauaufgaben. Diese funktionale Denkweise prägt die Architektur bis heute nachhaltig.
Gut zu erkennen ist dies beispielsweise beim geförderten Wohnungsbau mit zahlreichen Bestimmungen und Durchführungshinweisen bezüglich der Flächen einzelner Räume.[10] Gemeinsam mit dem Anspruch, Wohnungen barrierefrei zu planen, schwindet der Gestaltungsspielraum enorm.[11] Aufgrund der zu erfüllenden Parameter — Zimmeranzahl, maximale Wohnungsgröße und einzuhaltende Bewegungsflächen — sind hier in den letzten Jahren nahezu identische Zimmerabmessungen entstanden. Kinderzimmer haben eine andere Größe als das Elternschlafzimmer und ein Arbeitszimmer darf ebenfalls etwas kleiner sein. Jeder Raum hat scheinbar das optimale Maß und ist somit extrem spezifisch. Die Grundrisskonfiguration ist meist sogar von außen ablesbar: kleinere Fenster für die Elternschlaf- und Kinderzimmer, größere für den Wohn-Essbereich.
Aufgrund der spezifischen Eigenschaften der einzelnen Räume sind Wohnungen einerseits funktional extrem optimiert und andererseits sehr starr. Somit sind sie nicht für Nutzungsänderungen und die Neuinterpretation durch die Bewohner*innen geeignet. Diese Entwicklung beobachten wir mit großen Bedenken. Um den Wohnungsbau für unvorhersehbare Nutzungen resilient zu machen, sollten möglichst nutzungsunspezifische Räume gebaut werden. Seit der Moderne haben Architekt*innen es aber scheinbar verlernt, *Räume ohne Eigenschaften* zu bauen.

Der von uns gewählte Begriff *Räume ohne Eigenschaften* weckt Assoziationen zu Oswald Mathias Ungers' *Haus ohne*

自现代主义建筑以来，住宅建筑其实一直在追求功能的细化。其中一个典型案例是玛格丽特·许特–利霍茨基（Margarete Schütte-Lihotzky）设计的法兰克福厨房（Frankfurter Küche）。在这个紧凑型厨房里，每一厘米的空间都得到了充分利用，甚至到最微小的把手都经过完美的设计。恩斯特·诺伊费特（Ernst Neufert）在1936年发表“建筑设计理论”（Bauentwurfslehre）时遵循的是同一理念。依据人体工程学他为各种功能不同的建筑空间的尺寸进行了系统化整理。这种功能性的思维方式对建筑学一直影响至今。比如在德国对建造社会适应性住房作了各种标准规范，当中细致入微地定义了单个房间面积和功能[10]。再加上现在通行的无障碍住宅的规划要求，让设计的自由度大大降低[11]。由于要同时满足像房间数量、最大住房面积、活动区域等参数，近年来人们设计出的房间几乎都是相同的尺寸。儿童房比父母的卧室小，书房还可以更小一点。每个房间似乎都有它的最佳尺寸。平面的功能形态（Grundrisskonfiguration）也通常体现在立面上 —— 卧室的窗户较小，客厅的窗户较大。

通过精确定义每个房间的特殊属性，住宅在所谓的功能性方面得到了极大的优化，但与此同时平面变得非常刻板。居民在使用过程中没有任何进行调整的余地。对于建筑的这种发展趋势我们深表忧虑。很明显，自现代主义（Moderne）以来，我们建筑师显然已经忘记了如何建造“没有属性的房间”（Räume ohne Eigenschaften）。

我们认为，为了使住宅建筑能够满足未来的不可预见的功能变化需求，应该尽量避免建造只满足当下某种特定功能的房间。我们选择的概念是“没有属性的房间”，这很容易让人和奥斯瓦尔德·马蒂亚斯·翁格尔斯（Oswald Mathias Ungers） 的“没有属性的房子”（Haus ohne Eigenschaften）产生联想。（见79页图）。在那个项

Eigenschaften (siehe Abbildung Seite 79). Dabei hatte er versucht, ein Haus zu bauen, bei dem es kein Ornament, keine Details, kein Oben und kein Unten gibt. So haben alle Öffnungen in der Fassade das gleiche Format. Es bleibt offen, ob es sich um ein Fenster, eine Türe oder gar um *die* Eingangstüre handelt. Er wollte in dem Laboratoriumsversuch testen, „inwieweit Architektur in der Lage ist, abstrakt zu sein"[12].
Das Haus ohne Eigenschaften ist durch eine radikal reduzierte äußere Gestalt geprägt. Für diese Art der Abstraktion sehen wir auch im Inneren ein vielversprechendes Potenzial: Räume sollten nicht zu sehr durch spezifische Nutzungen vorbelastet werden. Inspiriert von Ungers' Gedankengang versuchen wir Räume mit guter Proportion und gleichzeitig völliger Nutzungsoffenheit anzubieten. Wohnräume dürfen nicht von spezifischen Funktionen bestimmt werden. Es sollte den Bewohner*innen selbst überlassen bleiben, die Räume zu entdecken und sie mit Leben zu füllen.

Einen ähnlichen Aspekt sehen wir auch bei Andy Warhols Gemälde *210 Coca-Cola Flaschen* (siehe Abbildung Seite 78). Auf den ersten Blick ist in dem Bild ein Ladenregal mit Cola-Flaschen zu erkennen. Die teilweise halbleer getrunkenen Flaschen wirken irritierend und beleben das Bild gleichzeitig. Erst bei näherem Betrachten fällt auf, dass die Regalbretter nicht abgebildet sind. Es geht Warhol um die Darstellung des Inhalts und nicht um die Struktur. Übertragen auf ein Gebäude stellen die darin lebenden Menschen den Inhalt dar. Die Raumstruktur des Hauses tritt somit in den Hintergrund und ermöglicht es den Bewohner*innen, sich frei zu entfalten. Der Mensch steht im Vordergrund und nicht die Architektur.

In der Architektur sind solche unspezifischen Räume nichts Neues. Auf der Suche nach neuen Räumlichkeiten für unser Atelier sind wir in Stuttgart auf ein gründerzeitliches Haus gestoßen. Das viergeschossige Mehrfamilienhaus in der Alexanderstraße wurde 1884 von Nill Jakob errichtet. Wie in der Stuttgarter Gründerzeit üblich, griff auch hier der Werkmeister auf einen fertigen Grundriss aus der Schublade

目中翁格尔斯试图对建筑进行简化，没有装饰、没有细部、没有顶部和底部。立面的所有开口都是相同的规格，以至于窗、门还是入口让人都无法区别。翁格尔斯在这个实验性建筑中想测试的是“建筑的抽象性到底能达到何种程度[12]”。

在“没有属性的房子”中他超常地简化了建筑的外部设计，其实这种对建筑简化的努力在我们看来，如果应用在房子内部会有更大潜力：房间的平面不应该被某种特定用途所局限。受翁格尔斯思路的启发，我们只应该尝试提供具有良好比例的房间，同时保证它们的用途是开放的。空间不应该局限于一开始就设定的单一功能，应该留给住户自己去发掘其潜能并让它们充满生机。

在安迪·沃霍尔（Andy Warhol） 的画作“210个可口可乐瓶”中可以看到类似的一面（见78页图）。第一眼看上去，画里是一个带有可乐瓶的商店货架。半空的瓶子让人迷惑，但同时也让画面活跃。只有在仔细观看画面之后，才会发现其实货架并没有被画出来。沃霍尔这里可能更注重的是内容的呈现，而不是结构。放到一座建筑上来讲，居住在其中的人代表内容，房子的空间结构也就退到背景中，让居民自由发展。位于画面中心的应该是人，而不是建筑！

这种倡导建造不明确定义功能的空间并非我们首创。2020年在我们工作室寻找新的办公场地时，碰到了一座建于奠基时代风格的房子（gründerzeitliches Haus）。这座五层高的住宅楼由尼尔·雅各布（Nill Jakob）在1884年建造于亚历山大大街（Alexanderstrasse）。和斯图加特在其他奠基时代的房子一样，该房子并非为业主特殊设计，建筑商在盖房子时使用的是当时现成的图纸。房子的平面并非根据业主的家庭构成量身定制，而更多是

zurück. Dieser war weniger auf eine spezifische Familienkonstellation als vielmehr auf ein wirtschaftliches Tragwerk mit sich wiederholenden Spannweiten zurückzuführen.
So wurden in der Gründerzeit in Stuttgart zahlreiche Mehrfamilienhäuser im Baukastensystem errichtet. Im Bauantrag wurden die Grundrisse nicht weiter spezifiziert — in jedem Raum stand schlicht *Zimmer* (siehe Abbildung Seite 76). Heute wissen wir, dass sich diese *Zimmer* hervorragend mit verschiedenen Funktionen bespielen lassen. In dem Haus in der Alexanderstraße befindet sich nun in den ersten beiden Geschossen ein Antiquariat, im zweiten Obergeschoss unser Atelier und in den beiden obersten Geschossen jeweils Wohnungen. Wenngleich das Gebäude nie als Büro geplant war, funktioniert es als solches erstaunlich gut (siehe Abbildung Seite 77). Ein schöner, gut proportionierter Raum wird immer seine Nutzung finden.

Wie sollen *Räume ohne Eigenschaften* heute gestaltet werden? Welche Größe sollte ein Raum haben? Beim Haus Hoinka in Pfaffenhofen (siehe Abbildung Seite 82) haben wir uns mit diesen Fragen auseinandergesetzt. Dabei sind wir zu dem Schluss gekommen, dass sich ein Raummodul mit etwa 16 Quadratmetern sehr gut für eine Vielzahl von Wohnnutzungen eignet. Daher haben wir in den Obergeschossen des Doppelhauses jeweils acht nahezu quadratische Räume mit einer Abmessung von etwa 4×4 Metern angeordnet. Diese sind im ersten Obergeschoss längs und im zweiten Obergeschoss quer zum Haus in einer Enfilade aneinandergereiht (siehe Abbildung Seite 83).
Da alle Räume identisch sind, können sie wechselweise als Schlafzimmer, Wohnzimmer, Esszimmer oder Küche genutzt werden. So können sie über die gesamte Lebensspanne des Gebäudes hinweg ohne allzu aufwendige bauliche Eingriffe mehrmals ihre Funktion ändern. Lediglich die dienenden Räume, beispielsweise die Bäder, sind beim Haus Hoinka aufgrund der Installationen klar festgeschrieben.

Die Gleichwertigkeit der Räume spiegelt sich auch in der Fassade wider: Sämtliche Räume im Obergeschoss haben identische Fensterformate. Lediglich die Balkontüren

当时通用结构的一种批量生产。在奠基时代大部分的住宅都是遵循这个模式建造的。这些建筑方案里并没有明确指定平面的使用功能——每个房间在图纸上也是直接标注为“房间”
（见76页图）。但如今我们发现这些当初没有特别定义功能的“房间”倒可以满足各种不同的用途。在亚历山大大街的房子里，现在的底下两层有一家古董书店，三楼是我们的工作室，顶层两层是住宅。即使这座建筑从未被规划为办公室，它作为办公室也是出奇地好用（见77页图）。在美丽、比例良好的空间里，人们总能找到它的用途。

那没有属性的房间应该如何设计？房间的最合理的面积应该有多大？在普法芬霍芬（Pfaffenhofen）的霍因卡（Haus Hoinka）住宅方案里，我们试图对这些问题做出解答（见82页图）。根据我们的分析，大小16平方米的空间通过组合能基本满足住宅中的各种用途。为此在这幢复式房子平面上布置八个正方形的空间，尺寸约为4×4米。在一楼为纵向排列而顶楼为横向。在两个楼层楼房间都可以排列成一个贯通序列（Enfilade）（见83页图）。

由于所有的房间都是一模一样的，可以交替用作卧室、客厅、餐厅或厨房。在建筑的生命周期内，房间可以根据住户的需求自由改变用途。霍因卡住宅仅对一些服务型空间（例如浴室）进行了明确定位。由于功能上的限制，比如有固定的管线，可以预见这些功能性空间发生变动的可能性很小。

房间之间的等价性也在立面上得以体现，每个房间的窗户都是一样的尺寸。只有带有双扇门的阳台打破了这种节奏——阳台的门由于其在轴线的位置加强了空间之间的相互连通。顶楼的每个房间也具有相同的面积，但由于倾斜的屋顶，每个房间有各自特定的几何形状。所有的房间都

brechen dieses Format — wobei diese auf die Durchgangs-öffnungen der Enfilade Bezug nehmen. Im Dachgeschoss wurden unter der Dachschräge breite Bandfester eingesetzt, die wiederum alle das gleiche Format haben und somit eine Gleichwertigkeit der Räume erzeugen. Diese Gleichwertigkeit ermöglicht es, im Haus verschiedene Wohnungskonfigurationen abzubilden.
Die beiden Wohneinheiten der Doppelhaushälften sind jeweils geschossweise teilbar. So können die zwei großen Maisonettewohnungen in vier kleine Wohneinheiten unterteilt werden. Die interne Treppe wird in diesem Fall zu einem Treppenhaus, das zwei Wohneinheiten erschließt. Die Zimmertüren zum Treppenhaus bilden dann die neuen Wohnungseingänge. So kann flexibel auf sich verändernde Familienverhältnisse reagiert werden. Wenn beispielsweise die Kinder ausziehen, reduzieren die Eltern die Wohnfläche, indem sie ein Geschoss bewohnen und das andere getrennt untervermieten. Das Haus bietet somit — auch ohne bauliche Eingriffe — eine große Nutzungsflexibilität. Das ist nur aufgrund des optimierten Raummoduls möglich, in dem unterschiedliche Wohnnutzungen möglich sind.

Da die Funktionen der Räume im Haus Hoinka nicht von Anfang an festgeschrieben sind, lassen sie sich von den Bewohner*innen unterschiedlich interpretieren. Die Architektur wirkt hier eher *unscharf*. Genau diese *Unschärfe* interessiert uns sehr und ist in gewisser Weise mit dem Lesen eines Gedichtes vergleichbar. Diese lyrische Gattung zeichnet sich durch einen vergleichsweise großen Interpretationsspielraum aus. Es ist durchaus möglich, dass Gedichte völlig anders interpretiert werden als von den Autor*innen beabsichtigt. Der Mensch wird durch die Poesie zum Entdecken angeregt. Genauso sollte er von seiner Wohnung dazu angeregt werden, diese für sich zu erkunden und einzunehmen.
Wir sind durchaus daran interessiert, eine *unscharfe* Architektur zu schaffen, die von den Menschen angenommen und entdeckt werden kann. Diesen Aspekt hat bereits Adolf Loos in mehreren Aufsätzen herausgearbeitet.[13] In *Die*

装有宽大的带窗，横向的贯通序列把整个空间连成一体。每个复式的住户单元可以通过分割而使每层成为一个独立的住宅。然后，复式单元的内部楼梯变成了两个住宅单元的共有楼梯，其通往楼梯的门变成了每个住宅的新的入口。通过这种方式，可以灵活应对不断变化的家庭需求。例如，当孩子搬出之后，父母不再需要这么大的生活空间，就可以通过搬到一层之内并单独转租另一层。因此这座房子，在没有建筑层面改动的情况下，就提供了极大的使用灵活性。

在霍因卡（Hoinka）住宅上，我们没有在设计之初就对每个房间进行明确的功能定义，而住户可以根据需要来对房子来进行自我诠释。这样的建筑给人一种模糊感，但是正是这种模糊感（Unschärfe）让我们兴奋。这其实和我们读诗时的感觉差不多。模糊正是诗歌区别于其他文学体裁的一大特征。作者不必然，读者何必不然，正是这样才让诗歌变得如此有趣，鼓励读者去自我解读。在我们眼里，好的建筑也应该如此启发人们的生活。

阿道夫·路斯（Adolf Loos）在他的文章里阐明了为什么人们应该布置自己的房屋[13]。他在1898年的文章《圆厅别墅的室内》（Die Interieurs in der Rotunde）里写道："感谢上帝，我不是在时髦的住宅里长大的……每件家具，每件东西，每件物品都讲述了一个故事，一个家庭的故事。住宅从未完工；它与我们一起进化，我们也在其中。它可能没有风格。这意味着不陌生，不变老。但是住宅有一种风格（Stil），也就是它的住户的风格，家庭的风格。[14]"住户的风格是否对创造性有要求并不重要；唯一重要的是，人们在自己家的四壁内感到舒适。

摄影师菲利普·杜雅尔丹（Filip Dujardin）的照片系列"烟囱"（1998年）（见80至81页图）阐述的也是同样的主

Interieurs in der Rotunde (1898) schreibt er: „Ich bin Gott sei Dank noch in keiner stilvollen Wohnung aufgewachsen. [...] Jedes Möbel, jedes Ding, jeder Gegenstand erzählt eine Geschichte, die Geschichte der Familie. Die Wohnung war nie fertig; sie entwickelte sich mit uns und wir in ihr. Wohl war kein Stil darin. Das heißt kein fremder, kein alter. Aber einen Stil hatte die Wohnung, den Stil ihrer Bewohner, den Stil der Familie.“[14] Adolf Loos erkennt die Bespielungsmöglichkeit der Räume also durchaus als Qualität an.

Wie unterschiedlich dabei der Geschmack in der Einrichtung sein kann, thematisiert Filip Dujardin in seiner Reihe *Chimneys* (1998) (siehe Abbildungen Seite 80—81). Zu sehen sind zwölf nahezu identische Wohnräume, in denen jeweils mittig ein Kamin angeordnet ist. Obwohl es sich anscheinend um ein seriell angefertigtes Mehrfamilienhaus handelt, haben die Bewohner*innen darin großen Spielraum zur Selbstverwirklichung gefunden. Die Wohnräume haben den Stil der Familie. Dabei ist es irrelevant, ob der Stil der Bewohner*innen gestalterisch anspruchsvoll ist oder nicht. Einzig zählt, dass sich die Menschen innerhalb der eigenen vier Wände wohl fühlen.

Die Betrachtung der Referenzen zeigt, wie gefährlich es ist, im Wohnungsbau funktionsspezifische Räume zu erschaffen — zumal die spezifische Funktion häufig nur vergleichsweise kurz bestehen bleibt. Es ist zu erwarten, dass sich die Funktionen im Verlauf der Lebensdauer eines Gebäudes mehrmals verändern. Diese Auffassung teilte auch Bruno Taut: „Die Funktion hat bei genauer Betrachtung die Eigenschaft vollkommener Relativität, und zwar nicht nur hinsichtlich der nahen Zukunft, in der man bauen will, sondern auch der Zeit überhaupt.“[15]
Wir können also davon ausgehen, dass sich aufgrund der Funktionsänderung auch das Gebäude wandeln wird. Um solche Veränderungen durch die Nutzer*innen — auch ohne aufwendige bauliche Maßnahmen — zu ermöglichen, sollten daher mehr *Räume ohne Eigenschaften* gebaut werden.
Es gilt den richtigen Gradienten der Veränderbarkeit zu finden. So werden dienende Räume wie Bäder oder Küchen

题。在十二间几乎一模一样的客厅，中间那个各具特色的壁炉都是住户自我表达的展示。哪怕是一个不知名的系列化住宅楼，居民们也可以找到自我实现的空间，住宅也因此烙上了住户的印记。

通过以上阐述我们可以看到，在住宅建筑中如果对空间功能定义过于单一有一定的风险。建筑之于住户一般具有较长的生命周期，期间用途的变更不可避免。布鲁诺·陶特（Bruno Taut）在他的《建筑思考》里也表达了相似的观点："仔细观察，其实功能是一个相对的概念，建造的时候往往只着眼于不久的将来，但功能其实随着时间的推移会发生改变。[15]"所以好的建筑应该随着功能的变化，而与时俱进。为了让用户日后尽可能地进行这种改变 —— 在不需要任何改建的情况下 —— 我们在建造空间时应该尽量避免对它过于定性。当然绝对的不定性也没有必要，找到合适的可变性梯度（Gradienten der Veränderbarkeit）是很重要的。比如浴室、厨房之类的服务空间受限于它们特定的管线布置，功能发生变化的可能很小，所以定位就应该明确些。其他的空间应该定义的开放些，以便容纳未来可能的各种细微的变化。受德国奠基时代房屋的启发，我们在霍因卡住宅中也提供了此类没有属性的房间。我们非常期待看到居民将会在日后的使用中如何做出自己的阐释。

aufgrund der Leitungsführung naturgemäß seltener ihre Funktion ändern. Bei funktionsunspezifischeren Zimmern kann hingegen stets mit kleineren Nutzungsänderungen gerechnet werden. Inspiriert vom gründerzeitlichen Haus bieten wir beim Haus Hoinka genau solche *Räume ohne Eigenschaften* an — wir sind schon gespannt auf die Interpretation der Bewohner*innen.

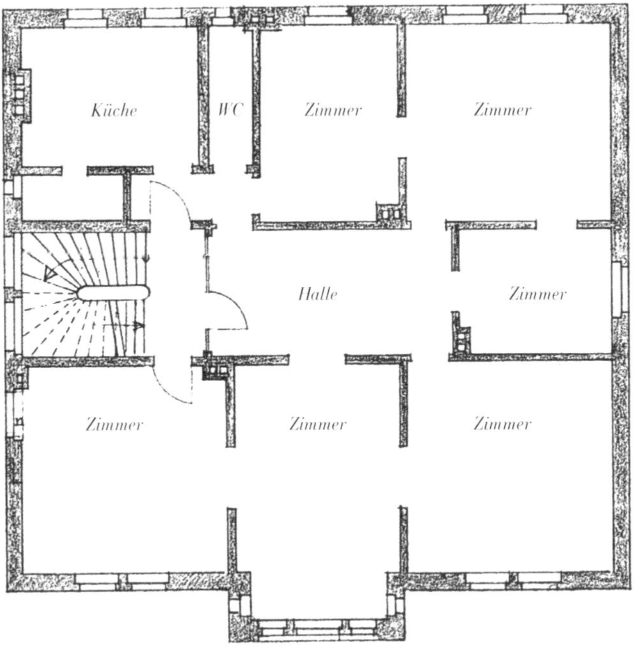

Alexanderstraße 11, Stuttgart,
Originalgrundriss 1884
斯图加特亚历山大大街11号，
原始平面图，1884年

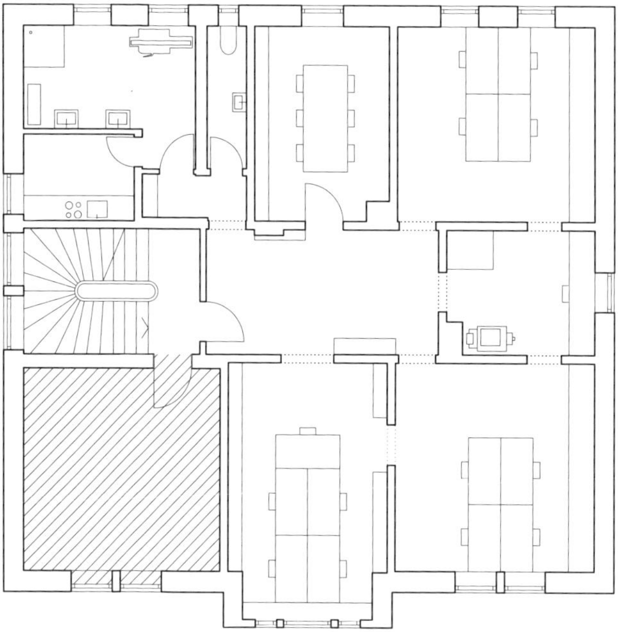

0 | | | | | | 5m

Alexanderstraße 11, Stuttgart,
Büroräume von Atelier Kaiser Shen seit 2020
斯图加特亚历山大大街11号
自2020年经凯撒沈工作室改造成办公室

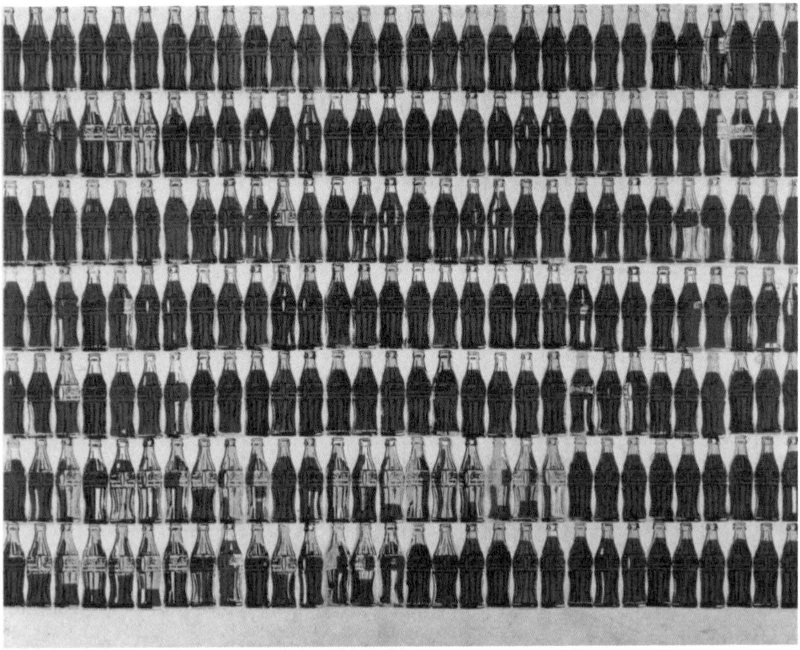

Andy Warhol: 210 Coca-Cola Flaschen,
Acryl, Siebdruckfarbe und Bleistift
auf Leinwand, 210×267 cm, 1962
安迪·沃霍尔：210个可口可乐瓶，
丙烯，丝网印刷和铅笔画，210×267厘米，1962年

Oswald Mathias Ungers:
Haus ohne Eigenschaften, 1996
奥斯瓦尔德·马蒂亚斯·翁格尔斯,
没有属性的房子，1996年

Filip Dujardin: Chimneys, 1998
菲利普·杜雅尔丹，烟囱系列，1998年

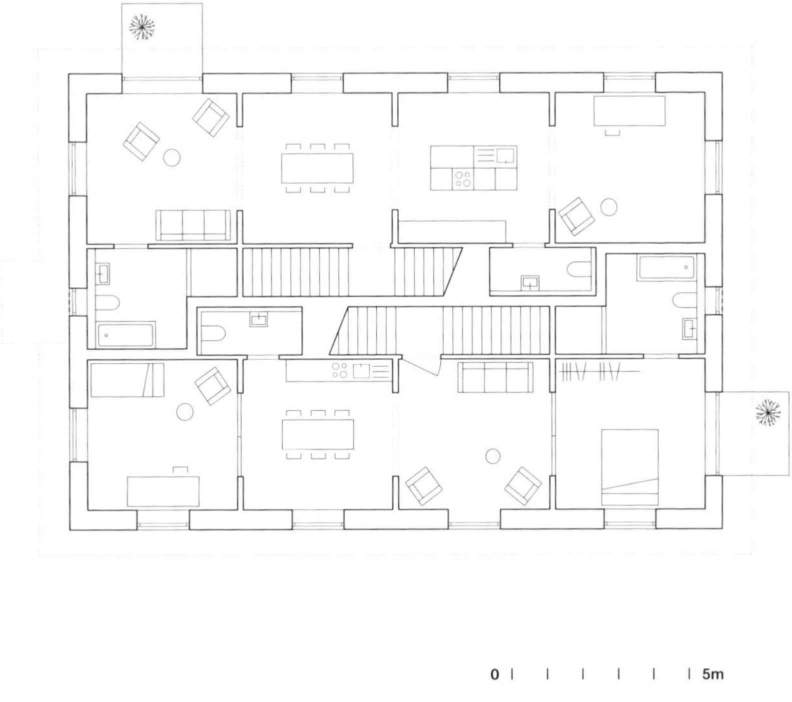

Atelier Kaiser Shen:
Haus Hoinka, 2018—2022
凯撒沈工作室，
霍因卡屋，2018至2022年

Atelier Kaiser Shen:
Haus Hoinka, 2018—2022
凯撒沈工作室，
霍因卡屋，2018至2022年

Atelier Kaiser Shen:
Doppelkindergarten Brühl, 2018
凯撒沈工作室，
瑞士布鲁尔幼儿园，2018年

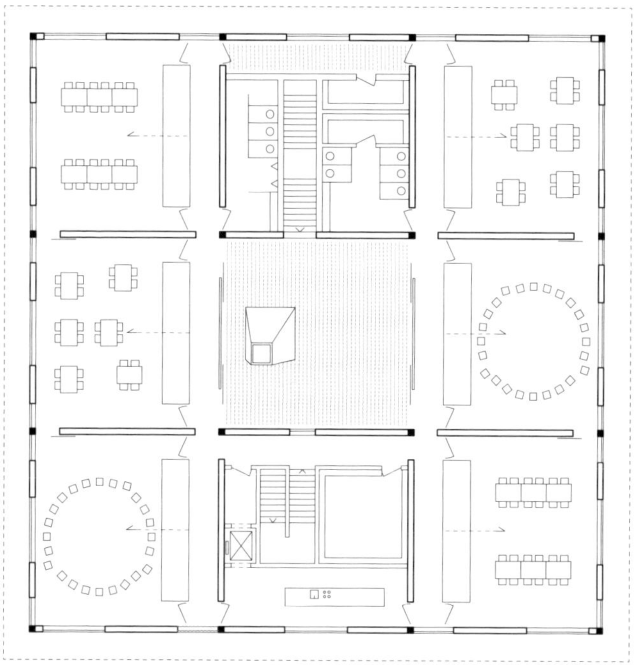

0 5m

Atelier Kaiser Shen:
Doppelkindergarten Brühl, 2018
凯撒沈工作室,
瑞士布鲁尔幼儿园，2018年

04

Permanenz und Kontinuität 永恒和持续

Unsere erste Berührung mit *Bauen im Bestand* erfolgte eher zufällig. Wenige Tage, bevor wir das Thema unserer gemeinsamen Diplomarbeit einreichen mussten, stießen wir in der *Bauwelt* auf einen Artikel über die vom Erdbeben zerstörte Stadt L'Aquila. Am 6. April 2009 wurden dort von einem Beben der Stärke 5,8 zahlreiche Baudenkmäler stark beschädigt oder komplett zerstört. 308 Menschen starben und fast 65.000 verloren ihr Zuhause. Drei Jahre nach dem Erdbeben wirkte L'Aquila wie eine Geisterstadt und es fehlte immer noch eine Strategie für den Wiederaufbau. Die bewegenden Bilder der Ruinenstadt erschütterten uns als junge Architekturstudenten. Kurzerhand entschieden wir uns dazu, *L'Aquila* im April 2012 als das Entwurfsthema unserer Diplomarbeit anzumelden.
Während der Bearbeitung stellten wir schnell fest, dass wir uns im bisherigen Studium ausschließlich mit Entwurfsaufgaben im Neubau beschäftigt hatten und uns folglich die Entwurfswerkzeuge für *Bauen im Bestand* fehlten. Wir mussten uns diese erst aneignen. Rückblickend erstaunt es uns, wie wenig präsent das Thema damals an der Universität war. Obwohl in Deutschland mittlerweile mehr als zwei Drittel der Hochbaumaßnahmen im Bestand stattfinden,[16] wurden Entwurfsstrategien dazu bislang erstaunlich wenig gelehrt. Doch warum wurde *Bauen im Bestand* im Studium so stiefmütterlich behandelt?

Der Umbau von Gebäuden ist seit Anbeginn der Menschheitsgeschichte gängige Praxis. Die Selbstverständlichkeit des Weiterbauens von Kathedralen und Wohnhäusern haben wir bereits im Kapitel *Unfertige Häuser* behandelt. Auf natürliche Weise blieben bestehende Gebäude erhalten und wurden von den Weiterbauenden modifiziert und ergänzt. Ein Paradebeispiel hierfür ist der pragmatische Umgang mit dem römischen Amphitheater von Arles (siehe Abbildung Seite 106). Nachdem gegen Ende des 6. Jahrhunderts darin die letzten Spiele stattgefunden hatten, wurde es zu einer befestigten Siedlung mit drei Wehrtürmen ausgebaut (siehe Abbildung Seite 107). Hierbei handelte es sich offensichtlich nicht um eine ideologische Entscheidung, sondern vielmehr um eine pragmatische Weiternutzung der im Gebäude gebundenen Materialien.

第一次接触到改建（Bauen im Bestand）其实是相当偶然的。在提交毕业设计论文主题的前几天，我们在《建筑世界》杂志上读到一篇关于在2009年4月6日被地震摧毁的拉奎拉市（L'Aquila）的报道。当地诸多古迹在那场5.8级地震中遭到严重破坏，有些甚至被完全摧毁。308人死亡，近65,000人失去家园。地震发生三年后，拉奎拉仍然是一座鬼城，当地缺乏任何重建的策略。当时作为年轻的建筑系学生，这座废墟城市的图片让我们动容。没有丝毫的迟疑，在2012年4月我们决定将如何重建拉奎拉定为毕业设计的主题。但在设计过程中，我们很快意识到，自己在之前的学习中只是注重了新建筑（Neubau）的设计，对于改建我们似乎无从下手。我们惊讶地发现，我们的大学教育对这个设计类型的关注似乎很少。尽管在今天的德国超过三分之二的建筑工程都是改建项目[16]，令人惊讶的是，在高校很少有人教授相关的设计策略。为什么改建在教学上没有得到应有的重视呢？

众所周知在历史上改建是很普遍的一般做法。在未完工的房子（unfertige Häuser）的章节中我们就已经讨论过，对教堂和房屋改造是一直在持续进行的。大部分建筑物是以很自然的方式一直处于被人保留、修改和补充的过程中。当中一个典型的例子是对阿尔勒（Arles）古罗马圆形剧场的改建（见106页图）。在6世纪末最后一场比赛举行过后，这座原型剧场被扩建为一个带有三座防御塔的住宅区（见107页图 ）。显然，这个改建不是由某种意识形态所支配，更多只是基于一种对实体建筑中所含材料充分利用的务实思考。

显然这种改建和扩建的传统在现代主义（Moderne）之后出现了某种程度的中断。这究竟是如何发生的呢？自现代主义以来，我们对待既有建筑的态度发生了变化。仅从二十年代建筑运动的命名“新建筑”（Neues Bauen）这

Obwohl ein solches Weiterbauen zuvor noch üblich gewesen war, kam es mit dem Beginn der Moderne zu einem Bruch. Seitdem gibt es im Umgang mit dem Bestand eine neue Herangehensweise. Allein der Begriff *Neues Bauen* deutet bereits auf die präferierte Bauaufgabe moderner Architekt*innen hin. Es war eine Zeit, in der alles neu erfunden werden sollte. Moderne Architekt*innen propagierten, die Finsternis mittelalterlicher Quartiere zu verlassen und stattdessen in neuen Wohnungen mit mehr Licht, Luft und Sonne zu leben.[17] Ein *moderner Mensch* sollte in einem *modernen Haus* leben.
Mit diesem Ziel stellte Le Corbusier 1925 den *Plan Voisin* vor, bei dem große Teile von Paris zugunsten einer modernen Hochhaus-Siedlung abgerissen werden sollten. In dieser Haltung ist eine klare Ablehnung der Geschichte spürbar. Der Umgang mit der historischen Bausubstanz war gleichermaßen radikal wie rücksichtslos. Le Corbusier und mit ihm eine ganze Generation verabscheuten die Vergangenheit und versuchten durch die Zerstörung des Erhaltenen eine Zukunft zu erschaffen, die sie für besser erachteten.

Diese Denkweise der Moderne prägt noch immer unseren Berufsstand. Als Konsequenz der modernen Bewegung haben sich im Umgang mit dem Bestand zwei extreme Herangehensweisen herausgebildet: Den Abrissfanatiker*innen stehen die Denkmalpfleger*innen gegenüber. Bei Bausubstanz, die als historisch wertvoll eingestuft wird, versucht der Denkmalschutz, zukünftige Veränderungen möglichst zu verhindern. Fallen Gebäude nicht in diese Kategorie, sind sie zum Abriss freigegeben.
Für viele Architekt*innen war es stets bequemer, mit der *tabula rasa* zu beginnen und nicht die Last des Bestandes tragen zu müssen. So wurden in der Nachkriegszeit sehr viele Quartiere in deutschen Städten rücksichtslos abgerissen, um Platz für Neubauten zu schaffen.

Diese radikale Zäsur in der Moderne irritiert heute und wird von der Gesellschaft immer kritischer gesehen. Es erstaunt daher nicht, dass die Menschen in den Städten zunehmend einen Identitätsverlust fürchten. Solche Verlustängste be-

个词就表明当时的现代主义建筑师对新建的偏好。那是一个一切都应该重新发明，重新定义的时代。现代主义建筑师主张离开肮脏的中世纪城区，而住在有更多光线、空气和阳光的新公寓里[17]。一个现代人应该住在现代的房子里。秉持着这个目标，勒·柯布西耶（Le Corbusier）在1925年提出了瓦赞规划（Plan Voisin），依据该规划巴黎的市中心大部分地区将被拆除，建立现代高层住宅区。从这种态度中可以看出现代主义建筑师希望以此和历史划清界限，对旧有建筑结构的处理是如此激进近乎无情。勒·柯布西耶和那一代人都对过去嗤之以鼻，并试图通过摧毁的方式来创造一个他们相信的更好未来。

现代主义对待旧有建筑的这种思维方式依然影响至今。整个现代主义运动后，在处理旧有建筑方面出现了两种极端做法：一种是对拆除旧建筑的狂热，与之相对的是对古迹保护（Denkmalpflege）的呼声。一旦旧有建筑被认定为有历史价值，就会以古迹的名义保护起来，以防未来有任何的变化。不属于此类别的建筑物则马上会被钉上可拆的标签。对许多建筑师而言，通过拆除则可以直接新建，意味着不必承担旧建筑的负担，一切显得更为简单方便。就像二战后德国城市的很多区域都被无情地拆除，以便为新建筑腾出空间。

现代主义在对待传统建筑的这种态度上激进的转折有些让人不知所措，越来越多的人开始对此进行反思。通过拆除，居民们会慢慢失去对自己所住的城市那种文化认同，因为新建城市到处都是一个样子。正是出于这种对城市认同缺失的畏惧，法兰克福规划了其市中心的一个项目。在大教堂（Dom）和罗马广场（Römer）之间，出现了十五座复古的建筑和二十座新建筑，以便让游客有重回古城的感觉[18]。这难道不是对历史的另一种否定？但这似乎并没有打扰到这个项目的支持者们。当我们参观新的法兰克

gründen die Entstehung eines erstaunlichen Stadtviertels zwischen Dom und Römer in Frankfurt: Mit 15 originalgetreuen Rekonstruktionen und 20 Neubauten lädt die *Neue Frankfurter Altstadt* heute Touristen zum Eintauchen in die Geschichte ein.[18] Dass dabei die Zeit zurückgedreht wurde, scheint die Befürworter*innen des Projektes nicht zu stören. Beim Besuch der *Neuen Frankfurter Altstadt* erinnerten wir uns an ein Zitat von Max Bächer: „Alles soll wieder so werden, wie es nie war."[19]
Wir können gut nachvollziehen, dass sich die Menschen in Frankfurt eine Identifikation mit ihrer Stadtgeschichte wünschen. Dennoch wurde genau diese Stadtgeschichte bei der *Neuen Frankfurter Altstadt* verneint: Die Befürworter*innen des Projekts haben versucht, die Permanenz der Stadt künstlich wiederherzustellen, und genau dadurch deren Kontinuität verhindert.

Heute leben wir in einer Zeit, in der wir den Umgang mit dem Bestand neu betrachten müssen. Weder die *tabula-rasa*-Mentalität der Moderne noch der zuweilen übervorsichtige Bewahrensdrang der Denkmalpflege sind hierbei zielführend. In einer solchen Schwarz-Weiß-Kategorisierung kann die Strategie schnell bei den Extremen entschieden werden: Der denkmalgeschützte Altbau wird saniert und die schadstoffbelastete Bruchbude zum Abriss freigegeben.
In der Realität lassen sich allerdings sehr viele bestehende Gebäude nicht so einfach in *Schwarz* und *Weiß* kategorisieren. Stattdessen gibt es zahlreiche Graustufen dazwischen, die uns im Atelier besonders interessieren.
Dazu müssen zunächst viele Fragen gestellt werden: Hat das Gebäude einen künstlerischen Wert? Einen Erinnerungswert? Wie viel graue Energie ist im Haus gebunden? Bieten die räumliche Struktur und das Tragwerk ein Potenzial des Auf- und Weiterbauens? Die Weiterbauenden müssen sich bei jedem Bauvorhaben intensiv mit dem Bestand befassen, um jeweils die richtige Haltung zu entwickeln. Da jede Bausubstanz einen anderen Dialogpartner für Planende darstellt, kann es auch kein allgemein gültiges Rezept aus der Schublade geben.

福老城时，想起了马克斯·巴歇（Max Bächer） 的一句话：“一切都应该似乎回到了从前没有过的样子。[19]”

我们能理解在法兰克福这个项目中，人们试图重新找回对城市历史的认同。然而这种复古建筑，其实是重新否定了城市的战后历史。该项目的支持者试图通过人为的方式来实现城市的永恒性（Permanenz），殊不知这样做其实是对其历史连续性（Kontinuität）的一种阻碍?

所以今天我们必须重新考虑对待旧有建筑的处理方式。无论是现代主义的推倒一切重来的白板（Tabula Rasa）心态，还是古迹保护者的小心翼翼，都不是该有的处理方式。在这样一个非黑即白的分类中，人们往往会做出极端的决定：要么对列入名录的老建筑进行复古修缮，要么是对无名建筑进行盲目拆除。然而在现实中，并非所有建筑物都那么非黑即白。相反，有许多中间地带，如何对这些旧建筑找到合适的改建方案，这正是我们工作室兴趣所在。

很多问题得先做出解答：这座旧建筑有艺术价值吗？有纪念价值吗？房子里有多少灰色的潜能？空间结构和支撑结构是否提供改建和扩建的潜力？等等……那些继续建造的人必须先对现有的建筑有充分的了解，这样才能做出正确的判断。由于每座旧建筑都是独一无二的，所以建筑师的抽屉中也没有普遍适用的配方。

在我们看来，在改建中一个重要准则是保持务实的态度。在伊格辛根（Ingerkingen）的多功能厅项目设计中，我们目前试图寻找上述问题的答案（见112至113页图）。在竞赛阶段，主办方将现有体育馆拆除与否的问题留给了建筑师。旧体育馆建于1964年，按照普法泽（Pfalzer）和申科（Schenk）的设计来建造，其严谨性给人留下了

Es scheint uns wichtiger denn je, beim *Bauen im Bestand* pragmatisch zu bleiben. Bei der Mehrzweckhalle in Ingerkingen suchen wir aktuell nach Antworten auf die oben genannten Fragestellungen (siehe Abbildungen Seite 112–113). In der Wettbewerbsphase ließ die Ausloberin offen, ob die bestehende Sporthalle in die Neukonzeption integriert oder abgerissen werden sollte. Sie war 1964 nach den Plänen von Pfalzer und Schenk errichtet worden und hatte uns durch ihre Stringenz überzeugt. Nach der Fertigstellung war sie mehrfach umgebaut und zu einer Mehrzweckhalle mit Bühne erweitert worden (siehe Abbildung Seite 113). Seit März 2020 sind wir mit der Sanierung und Erweiterung dieser Halle beauftragt.

Aufgrund des Erinnerungswertes und der im Bauwerk gebundenen grauen Energie haben wir es uns zum Ziel gesetzt, dabei möglichst viel Bestandsstruktur zu erhalten. Lediglich die Südfassade musste zugunsten einer normgerechten Sportfeldgröße einer neuen Fassade weichen. Alle weiteren Funktionen konnten in die Neukonzeption integriert und mit dem Tragwerk verflochten werden.

Wenngleich der erhaltene Bestand keinen herausragenden künstlerischen Wert besitzt und von den Dorfbewohner*innen nicht als *schön* eingestuft wird, stellte er für uns einen hervorragenden Dialogpartner dar. Hierbei suchten wir einen pragmatischen Umgang mit dem Bestand. Uns interessierte weniger die ursprüngliche Gestalt als vielmehr das Potenzial beim Weiterbauen.

Das bestehende Gebäude sollte mit einfachen Mitteln wieder funktionstüchtig gemacht werden. Dabei hatten wir das Bild einer chinesischen Porzellanschüssel vor Augen, die nach dem Zerbrechen repariert wurde (siehe Abbildung Seite 109). Mit einfachsten Mitteln wurde sie wieder zum Funktionieren gebracht. Obwohl die Reparatur hier sehr pragmatisch und ohne gestalterischen Anspruch erfolgte, weist das Endprodukt doch eine gewisse Poesie auf. Eine ähnliche Haltung nahmen wir bei der Sanierung der Mehrzweckhalle in Ingerkingen ein. Da sich ein Teil der Struktur einfach und funktionsfähig in die Neukonzeption integrieren ließ, erachteten wir den Erhalt als selbstverständlich und pragmatisch.

深刻的印象。它在建成后又经过多次重建，扩建为带舞台的多功能厅（见113图）。我们在2020年3月接受委托，开始对其进行翻新和扩建。

由于该建筑物对当地居民的回忆价值和灰色潜能等限定条件，我们设定了尽可能多地保留现有结构的目标。由于标准运动场的尺寸相较之前有所扩大，建筑南立面必须新建。而建筑的其他功能都可以集成到新的设计概念中，并通过支撑结构交织在一起。即便保存下来的旧结构并无任何突出的艺术价值，村民也没有认为它有多漂亮，但它对我们来说仍然是一个很好的对话伙伴。我们在这里寻找一个实用的对待旧有建筑的方法。没有过于遵循原有的设计，我们更在乎的是旧的部分在扩建后的潜力，通过简单的维修旧的结构就能在新建筑中发挥其功用。就像一个摔碎的瓷碗，在被打破后得到了简单的修复（见109页图）。用这种简朴的方式，瓷碗便能重新使用。整个修复过程非常实用，并没有像对待艺术品一样，但这件物品的在修复后却得到了一定的美感。在翻新伊格辛根的多功能厅时，我们尝试采用类似的方法。由于部分结构可以很容易地在功能上整合到新的建筑中，保存这些结构在我们看来是理所当然的。

然而，并不是旧有的建筑结构都能像上个项目一样在新建筑中继续发挥功用。在这种情况下，也不能完全排除拆除这个选项。在埃斯林根（Esslingen）的托拜厄斯·迈耶区（Tobias-Mayer-Quartier）的城市设计中，经过仔细的考量，我们做出了拆除大部分现有建筑的决定。其间只有少数的房子得以保存。原有建筑的结构太差，而其在新的城市规划布局中的潜力又太低，使我们不得不做出这样的决定。尽管如此，我们还是有了将拆除材料用作“城市矿山”（Urban Mine）的想法，并使用它们来建造该区的新IBA塔（IBA-Turm）的非承重墙[20]。通过这种方式，

Die vorgefundene Baustruktur kann jedoch nicht bei allen Bauvorhaben so sinnvoll wie bei der Mehrzweckhalle einbezogen werden. In diesem Fall ist der Abriss nicht kategorisch auszuschließen. Nach sorgfältigem Abwägen kamen wir beim städtebaulichen Entwurf zum Tobias-Mayer-Quartier in Esslingen zu dem Entschluss, die bestehenden Gebäude bis auf wenige Ausnahmen zurückzubauen. Zu schlecht war die Bausubstanz und zu gering das Potenzial in der städtebaulichen Anordnung. Allerdings hatten wir die Idee, die Abbruchmaterialien als *urbane Mine* zu nutzen und damit alle nichttragenden Wände eines modellhaften *IBA-Turms* zu bauen.[20] Somit hofften wir, im Tobias-Mayer-Quartier eine gewisse Kontinuität der Geschichte fortzuführen.

Bei beiden Projekten haben wir mit einem gewissen Pragmatismus überprüft, inwiefern die bestehende Substanz für das neue Bauvorhaben nutzbar ist. Die erste Prüfung fand also primär auf einer sachlichen Ebene statt und basierte auf der Abschätzung des konstruktiven Aufwands. Sehr viel anspruchsvoller ist dagegen eine pragmatische Prüfung auf konzeptioneller Ebene: Wie ist das Verhältnis zwischen *Alt* und *Neu*? Bei jedem Bauvorhaben muss hierzu eine angemessene architektonische Haltung gefunden werden. Doch welche Anknüpfungspunkte gibt es?
Jeder Bestand dient als Dialogpartner mit einer vorhandenen Raumidee. Beim Weiterbauen müssen wir uns zu dieser positionieren und entscheiden, ob wir sie aufgreifen oder negieren. Es gilt stets auszuloten, inwiefern wir als Weiterbauende in Erscheinung treten oder uns der vorgefundenen Raumidee unterordnen.

Besonders inspirierend erscheint uns die Geschichte des Gemäldes *Tierschicksale* des expressionistischen Malers Franz Marc aus dem Jahr 1913. Nach Marcs Tod wurde das großformatige Bild bei einem nächtlichen Brand zu einem Drittel zerstört. Drei Jahre später restaurierte der befreundete Paul Klee das Gemälde in transparenten Brauntönen (siehe Abbildung Seite 108). Durch feine Nuancen blieb die Erinnerung an den Brand. Klee ordnete sich der Konzeption seines Freundes unter und zeigte dennoch

我们希望托拜厄斯·迈耶区的历史得到一定的延续。

上述这两个项目，我们以一种实用主义的态度，来检视现有结构在多大程度上可以融入新的建筑。这种检视首先是在事实层面进行的，通常基于对建造费用的估计，以避免不必要的浪费。然而更具挑战性的，是如何在概念层面来检视现有结构在新建筑中的定位。新的和旧的结构之间有什么关系？这种关系如何才能在建筑概念上合理的表达？每个现有结构都有其自带的空间理念，作为我们新建筑中的一个对话伙伴，我们必须在这方面对它明确定位，究竟是接受它还是否定它。究竟是旧有的空间理念占主导地位，还是在新建筑中处于从属地位，这些都需要建筑师做出明确的解答。

表现主义画家弗朗茨·马克（Franz Marc）在1913年创作了《动物的命运》（Tierschicksale），该画作在处理新旧关系这方面对我们启发很大。马克去世后，一场夜间大火烧毁了三分之一的画幅。三年后，他的朋友保罗·克利（Paul Klee）将这幅画用透明的棕色进行了复原（见108页图）。从画作前后细微的差别中还是可以辨别出烧毁过的痕迹。克利在修复画作的时候主要还是遵从他朋友马克当初的构想，但他本人介入过的痕迹也是清晰可见。克利通过修复创造了一幅完整的画面，并在新旧之间找到了很好的平衡。两层时间交织在一起，而这又丰富了绘画本身。修复之外，克利通过这种实用的方式让画作叙述着自己的故事。

受到保罗·克利的启发，我们试图将类似的策略转移到建筑层面，即如何在新旧之间找到平衡。在阿沙芬堡（Aschaffenburg），我们在修缮当地一幢1960年代的高层公寓楼时，给其增加宽敞的露台（见110至111页图）。通过露台的轻微旋转便制造了新旧之间的对话，由于露台

seinen Eingriff. Er erschuf also ein vollwertiges Bild und fand dabei eine ausgewogene Balance zwischen *Alt* und *Neu*. Beide Zeitschichten greifen ineinander und stellen eine Bereicherung für das neue Gemälde dar. Durch dieses pragmatische Vorgehen erhält das Gemälde eine zweite, eine erzählerische Ebene.

Inspiriert von Paul Klee haben wir versucht, diese Haltung auf eine architektonische Ebene zu übertragen. In Aschaffenburg schlugen wir vor, ein Wohnhochhaus aus den 1960er Jahren energetisch zu ertüchtigen und um großzügige Terrassen zu erweitern (siehe Abbildungen Seiten 110—111). Durch eine leichte Drehung der Terrassen entstand ein Dialog zwischen *Alt* und *Neu* und aufgrund unterschiedlicher Tiefen konnten verschiedene Nutzungen abgebildet werden. Nach dem Umbau erhielt das Gebäude ein neues Gesicht.

Eine ähnliche Strategie wendeten wir beim EnBW-Areal in Stuttgart Stöckach an (siehe Abbildungen Seite 118—119).[21] Auch hier ließ die Ausloberin offen, inwiefern der Bestand erhalten oder abgerissen werden sollte. Das heterogen anmutende Areal hat seine Wurzeln in der industriellen Moderne und wurde seit den 1950er Jahren ständig verschiedenen Erweiterungs- und Umbaumaßnahmen unterzogen. Die meisten Gebäude wurden in Stahlbeton-Skelettbauweise errichtet und befinden sich bis heute in einem sehr guten Zustand. Mit überschaubarem Aufwand können die flexiblen Bürogrundrisse zum Wohnen umgenutzt werden (siehe Abbildung Seite 40—41). Sie bilden demnach eine ausgezeichnete Ausgangslage für ein Um- und Weiterbauen. Zudem steckt im Bestand nicht nur jede Menge graue Energie, sondern auch ein Stück Stadtgeschichte und somit ein gewisser Erinnerungswert.
Wir sahen die Herausforderung im Entwurf darin, bei maximalem Bestandserhalt schöne Stadträume zu erschaffen. Mit einem gewissen Pragmatismus versuchten wir, mit radikalen Durchbrüchen neue Wegeverbindungen anzubieten und so das Quartier besser mit seiner Nachbarschaft zu vernetzen. Einzelne neue Stadtbausteine sollten den Stadtraum fassen. Wir entschieden uns dazu, den Kontrast

的不同区域有不同深度，可以用来满足不同的用途。改造后的建筑焕然一新。

对斯图加特的施托卡赫（Stöckach）的EnBW竞赛方案我们也采用了类似的策略（见118至119页图）[21]。在这里，主办方也对保留或拆除现有建筑持开放态度。这个比较多元的区块原为工业区，自1950年代以来一直在进行不断的扩建和改建。由于大部分建筑物都是用钢筋混凝土框架结构建造的，至今仍然处于良好的状态。无需做多大改动，本来灵活的办公室平面就可直接转换为住宅空间（见40至41页图）。这样的结构本身就非常适用于改建和扩建。加之该建筑本身就包含大量的灰色潜能，还有一段与之相关的城市历史，因此具有一定的记忆价值。

该设计的挑战是，如何在最大程度保持旧有建筑结构的前提下，还能建造出美好的城市空间。带着这种实用主义的倾向，我们给原本封闭的街区建造了很多开口，从而更好地促进其与周边区域的连通。新的建筑体块更好地定义了城市的公共空间。这里侧重的不是新旧之间的对比，对原先的规划设计我们兴趣也不是很大。我们更多关注的是，如何使旧的建筑体块在新的城市规划中发挥最大的作用。在这里唯一的标准是新城区的空间质量。在这里我们有意和卡洛·斯卡帕（Carlo Scarpa）的分层设计策略保持距离，他那种新的和旧的结构处处分层而且可以随时剥离的态度在我们看来过于小心翼翼。相反，我们感兴趣的事只是如何建立一个当下最好的城区，即便在其建筑体量中具有一定的记忆性。这种态度可以说是实用的继续建设（weiterbauen）。城市在持续不断中发展，新旧时间层层交织，不可分离。

在如何处理新与旧的关系方面，我们在一个修复的玉镯上找到了另外一个答案（见114页图）。大多数损坏的日常

zwischen *Alt* und *Neu* nicht zu thematisieren. Die ursprüngliche Gestaltung des Areals interessierte uns weniger als das Potenzial beim Umbau. Allein die Qualität des neuen Quartiers zählte.
Somit lösten wir uns bewusst von Carlo Scarpas Entwurfsstrategie der *Schichtung*, bei der neue Zeitschichten ablesbar und jederzeit rückbaubar sind. Wir versuchten stattdessen, ein zeitgenössisches Quartier zu entwickeln, das jedoch in der Baumasse einen gewissen Erinnerungswert birgt. Diese Haltung könnte als *pragmatisches Weiterbauen* bezeichnet werden. In einer gewissen Kontinuität wird die Stadt weiterentwickelt und die Zeitschichten werden miteinander verwoben.

Wie das Verhältnis zwischen *Alt* und *Neu* ausgebildet werden kann, zeigt auch das Beispiel eines zerbrochenen chinesischen Jaderings auf (siehe Abbildung Seite 114): Während das Zusammensetzen eines zerbrochenen Alltagsgegenstands (wie der erwähnten Porzellanschüssel) häufig sehr pragmatisch erfolgt und das Endprodukt im Anschluss meist an Wert verliert, erfolgt hier eine Aufwertung durch die Reparatur. Der zerbrochene Ring wird gar mit Gold repariert. Hier geht es weniger um das Aufzeigen der Spuren des Bruchs als vielmehr um die Erschaffung eines neuen, wertvollen Endprodukts, das somit im Vergleich zum unzerbrochenen Ring erheblich an Wert gewinnt.

Eine solche Aufwertung durch die Reparatur versuchten wir auch in unserer Diplomarbeit in L'Aquila zu erreichen (siehe Abbildungen Seite 115–117). Da das Tragwerk des *Palazzo Porcinari* durch das Erdbeben komplett zerstört worden war, installierten die Ingenieure der Stadt L'Aquila ein temporäres Baugerüst im Gebäude. Dieses stützte in engem Raster alle Decken und machte das Haus somit unbenutzbar. Als Ersatz für das Gerüst schlugen wir vor, in einigen Räumen die Wände und Decken mit Beton zu verstärken.
Durch eine gut durchdachte Anordnung im Grundriss und Schnitt entstand ein neues selbstständiges Tragwerk, das durch die Betondeckenplatte des Erdgeschosses kurzgeschlossen wurde. Der Kontrast zwischen der alten

用品（例如上面提到的瓷碗）通过修复虽然可用，但最终产品价值会有所减少。但这个摔碎的手镯却通过金镶玉的方式，在修复过程中却得到了升值。手镯修复后完全没有中断过的痕迹，而是巧妙的成为了一种新的、有价值的产品。相比于摔碎之前完整的手镯，它通过修复得以升级，甚至更具价值。

在重建拉奎拉的毕业论文里，我们也希望实现类似的升级（见115至117页图）。由于波契纳里斯宫（Palazzo Porcinari）的支撑结构在地震中被完全摧毁，拉奎拉市的工程师在大楼内安装了临时脚手架。所有的天花板都被临时的结构支撑而免于倒塌，但房子也因此无法使用。我们的方案是通过植入混凝土结构加固四周墙壁和天花板，以作为脚手架的替代品。通过在平面和剖面的灵活布局，我们用混凝土板块上建立一个全新的独立支撑结构。带有不平整和灰泥的旧房间与清水混凝土的新房间之间对比强烈，而这本身就是对建筑极大的丰富。房间功能布局更是对此的一种强化，清水混凝土房间都伴有其特殊用途。作为交流的空间，它们都是局部区域的中心，建筑物内大部分重要的功能都位于这些房间内。就这样，我们在改建之后创造了一个独具个性的新房子。与手镯的修复类似，房子修复后没有留下损坏过的痕迹。但伴随着改建过程而来的是价值的提升。新旧之间的相互作用丰富了房子，并赋予了它新的身份。

上面的阐述表明，改建（Bauen im Bestand）是我们这一代人必须面对的一个主题。不像现代主义（klassische Moderne）建筑师那样梦想着完全从白板开始，也不像古迹保护者们那样总是试图保留所有东西，我们呼吁对现有的旧建筑采取差别化地对待。带着自信和放松的心态，我们应该小心翼翼的研究、内化和吃透现有建筑的一切细节。每一个旧建筑都有它独一无二的地方——无论是空间

Bausubstanz mit Unebenheiten sowie abgebröckeltem Putz und den Räumen mit Sichtbetonoberfläche ist sehr groß und wirkt als Bereicherung. Diese Wirkung wird durch die Raumaufteilung betont, da die Sichtbetonräume immer einer besonderen Nutzung unterliegen. In ihrer Funktion als Kommunikationsbereiche bilden sie den Mittelpunkt einer Zone und beinhalten wesentliche Funktionen innerhalb des Gebäudes.
So kann nach dem Umbau wieder ein stimmiges Haus entstehen. Ähnlich wie bei der Reparatur des Jaderings geht mit dem Ertüchtigungsprozess eine Aufwertung einher. Die Wechselwirkung zwischen *Alt* und *Neu* bereichert das Haus und verleiht ihm eine neue Identität.

Aus den vorherigen Ausführungen geht hervor, dass *Bauen im Bestand* ein bedeutsames Thema unserer Generation ist. Während viele Architekt*innen in der klassischen Moderne von der *tabula rasa* träumten und die Denkmalpflege Bestehendes stets zu konservieren versucht, streben wir heute einen differenzierten Umgang mit dem Bestand an. Dabei sollten wir selbstbewusst und gelassen bleiben. Der Bestand muss von den Weiterbauenden mit großer Sorgfalt untersucht, verinnerlicht und durchdrungen werden. Fast jedes Bauwerk hat ein in sich schlummerndes Potenzial — sei es die räumliche Komposition, die Erscheinung oder lediglich die Konstruktion und die verbaute Materie. Dieses Potenzial muss gefunden und abgerufen werden. Dabei dürfen Architekt*innen nicht in Ehrfurcht vor der ehemaligen Erscheinung erstarren. Schlussendlich zählt nur das Ergebnis nach dem Umbau. Nicht mehr und nicht weniger.

Zudem haben wir in den vorherigen Kapiteln aufgezeigt, dass wir stets *unfertige Häuser* bauen. Der Neubau von heute ist schließlich der Bestand von morgen. So durchdacht ein Haus sein mag: Wir können davon ausgehen, dass es den Anforderungen der Zukunft nicht vollumfänglich gerecht werden wird. Mit dem Umbau ist folglich zu rechnen. Da die Umbaubarkeit die Überlebenschancen eines Hauses erheblich erhöht, sollte diese bereits bei der Planung berücksichtigt werden.

构成（räumliche Komposition）、外观（Erscheinung）还是建造（Konstruktion）和建筑材料。要发掘并充分利用这种能量，当然我们也无需对旧有的建筑太过心生敬畏。唯一的衡量标准是改建的成果，要做到不多不少、恰到好处。

在前面的章节中已经阐明了，我们其实总是在建造未完工的房子，无论愿意与否。毕竟，今日的新建筑就是明日的旧建筑。无论设计有多么完善，多么细致，它不会也不可能完全满足未来的要求。这方面考虑得当的话会显著地增加了建筑在未来生存的机会，使其免于淘汰。因此在设计之初应充分考虑到这一点。

一件建筑作品是否能在未来幸存下来取决于许多因素。我们坚信，这不仅是一个灵活的支撑结构的问题，建筑师应该更多地致力于创造一个美好的空间。美丽的房子永不过时。

当然在建筑的平面配置中也应该适当考虑一些灵活性（Flexibilität）。建造一些没有属性的房间（Räume ohne Eigenschaften），意味着房子可以在没有重大结构改变的情况下也能多次更改用途，如同住宅使用单位可大可小。如果建筑都这样的话，现下居住空间减少的目标就比较容易实现。所以建筑是一个持续的过程。卡尔·弗里德里希·辛克尔（Karl Friedrich Schinkel）写道："历史（Historie）并非简单地坚持或重复旧事物，这会毁掉历史；历史性的行动会带来新事物，并通过它延续历史（Geschichte）。[22]"继续书写历史仍然是我们这一代人的任务。

房子永不完工。
我们持续建造。

Ob ein Bauwerk letztendlich dem Abriss entkommen wird, hängt von vielen Faktoren ab. Wir sind der festen Überzeugung, dass nicht nur ein flexibles Tragwerk, sondern vor allem auch eine gute Raumidee sowie eine gute Gestaltung über das Schicksal des Bauwerks entscheiden. Ein *schönes Haus* ist also immer auch ein *nachhaltiges Haus*.

Letztendlich sollte in der Grundrisskonfiguration eine gewisse Flexibilität berücksichtigt werden. Mit *Räumen ohne Eigenschaften* kann die Nutzung eines Hauses auch ohne größere bauliche Eingriffe mehrmals angepasst werden. Somit können Nutzungseinheiten in einem kontinuierlichen Prozess wachsen und schrumpfen, wodurch zum Beispiel die individuelle Wohnfläche reduziert werden kann.
Bauen ist also ein kontinuierlicher Prozess. Karl Friedrich Schinkel bringt es wie folgt auf den Punkt: „Historisch ist nicht, das Alte allein festzuhalten oder zu wiederholen, dadurch würde die Historie zugrunde gehen; historisch handeln ist das, welches das Neue herbeiführt und wodurch die Geschichte fortgesetzt wird.“[22] Es bleibt die Aufgabe unserer Generation, die Geschichte fortzuschreiben.

Häuser sind nie fertig.
Wir bauen stets weiter.

Amphitheater von Arles, um 100 n. Chr.
阿尔勒古罗马圆形竞技场，公元100年

Jean Baptiste Guibert:
Amphitheater von Arles, Stich, 18. Jh.
Jean Baptiste Guibert：
阿尔勒古罗马圆形竞技场，版画，18世纪

Franz Marc: Tierschicksale, Öl auf
Leinwand, 195×263,5 cm, 1913
弗兰茨·马尔克： 动物的命运，
油画，195×263,5厘米，1913年

Reparierter chinesischer Teller
修复的瓷碗

Atelier Kaiser Shen:
Wohnterrassen am Schillereck, 2017
凯撒沈工作室：席勒角阳台住宅，2017年

Atelier Kaiser Shen:
Wohnterrassen am Schillereck, 2017
凯撒沈工作室：席勒角阳台住宅，2017年

Atelier Kaiser Shen: Mehrzweckhalle Ingerkingen, 2020—2023
凯撒沈工作室：Ingerkingen多功能厅，2020—2023年

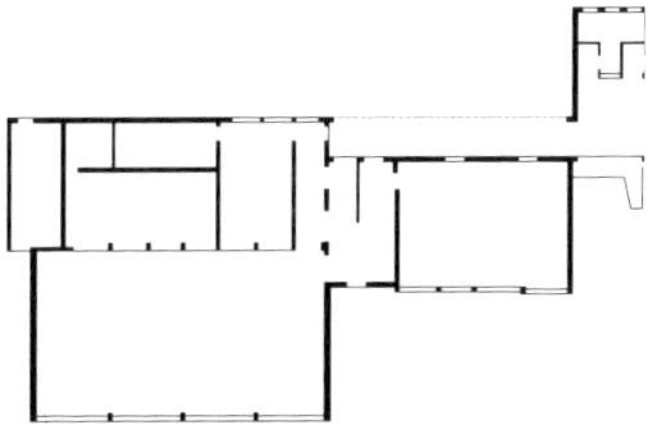

1964

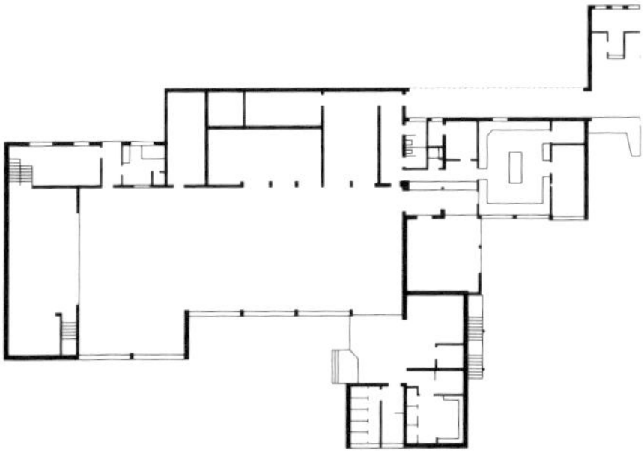

vor Umbau
改建前

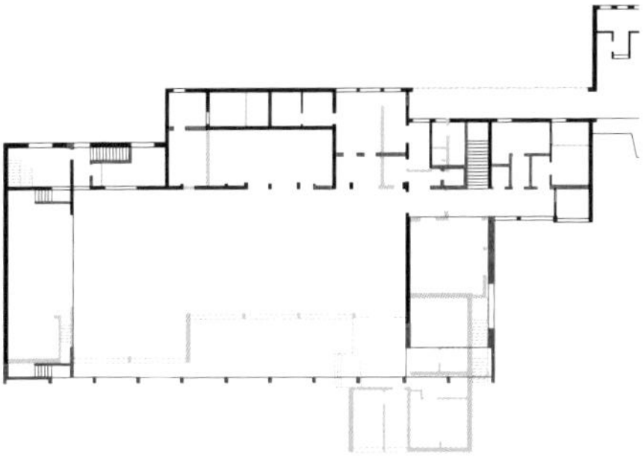

Umbau
改建

Atelier Kaiser Shen: Mehrzweckhalle
Ingerkingen, 2020–2023
凯撒沈工作室：Ingerkingen多功能厅，
2020–2023年

Zerbrochener und reparierter Jadering
修复的金镶玉手镯

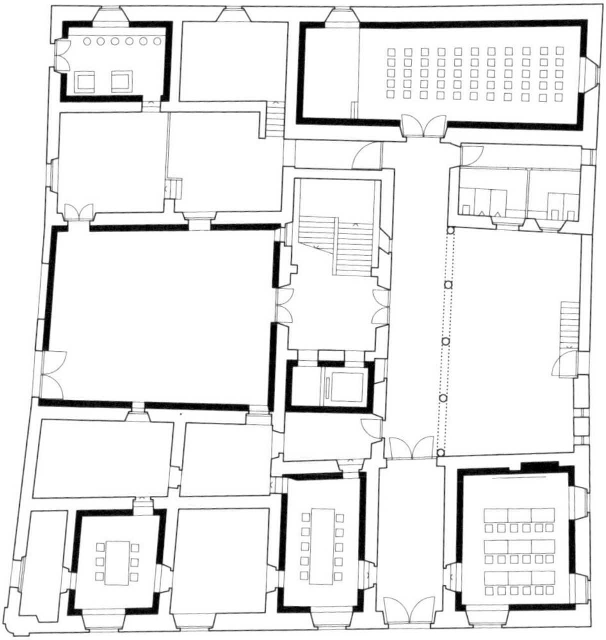

0 | | | | | | | 5m

Florian Kaiser & Guobin Shen:
Palazzo Porcinari, 2012
福洛里安·凯撒和沈国斌：
Porcinari 宫殿方案，2012年

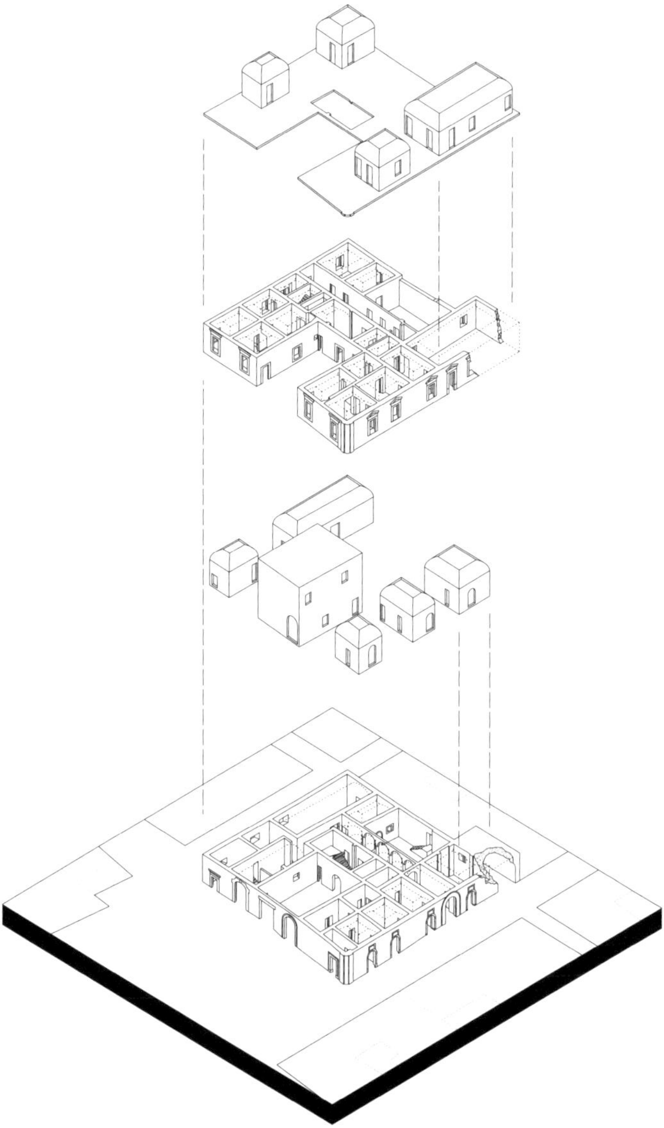

Florian Kaiser & Guobin Shen:
Palazzo Porcinari, 2012
福洛里安·凯撒和沈国斌：
Porcinari 宫殿方案，2012年

Florian Kaiser & Guobin Shen:
Palazzo Porcinari, 2012
福洛里安·凯撒和沈国斌：
Porcinari宫殿方案，2012年

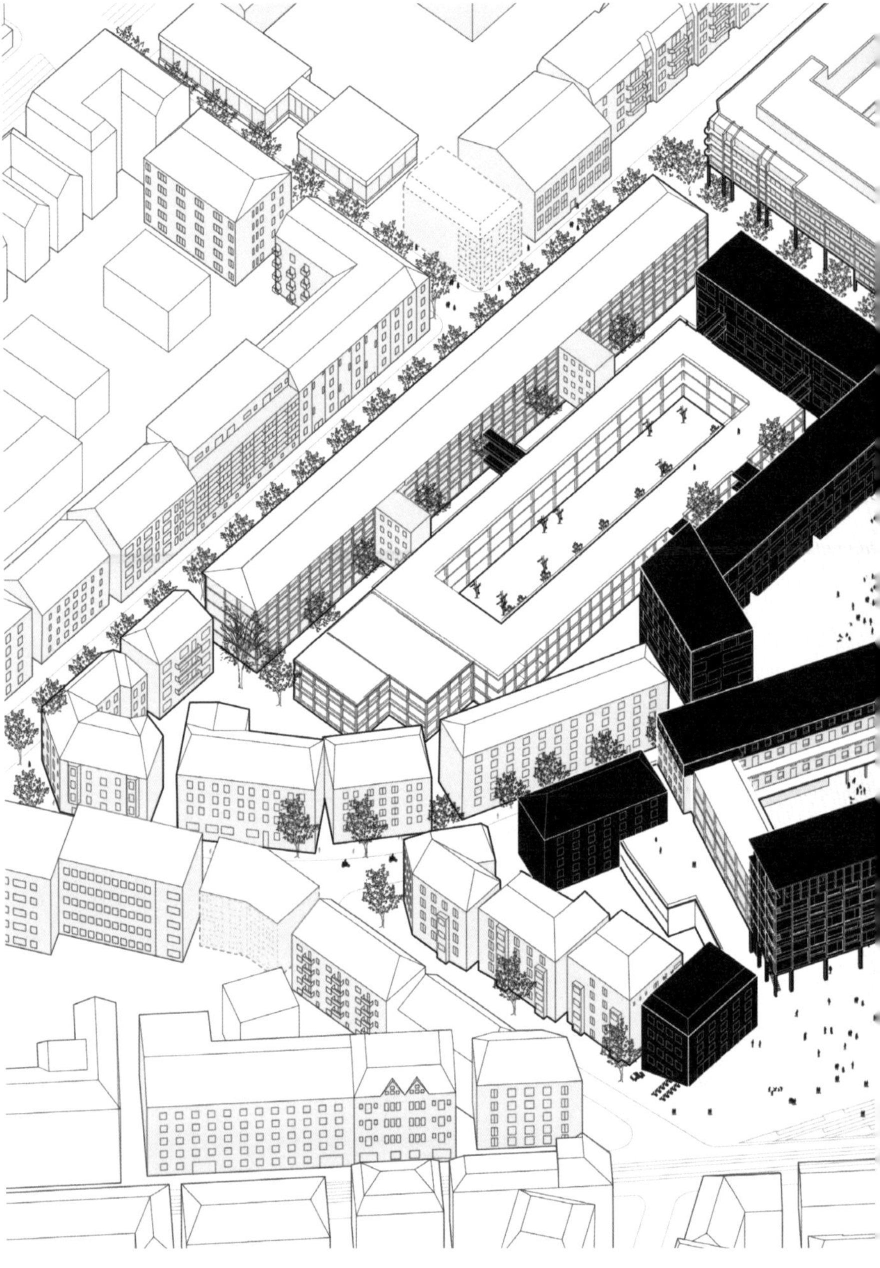

Atelier Kaiser Shen:
EnBW-Areal Stöckach, 2019
凯撒沈工作室：
施托卡赫EnBW竞赛方案，2019年

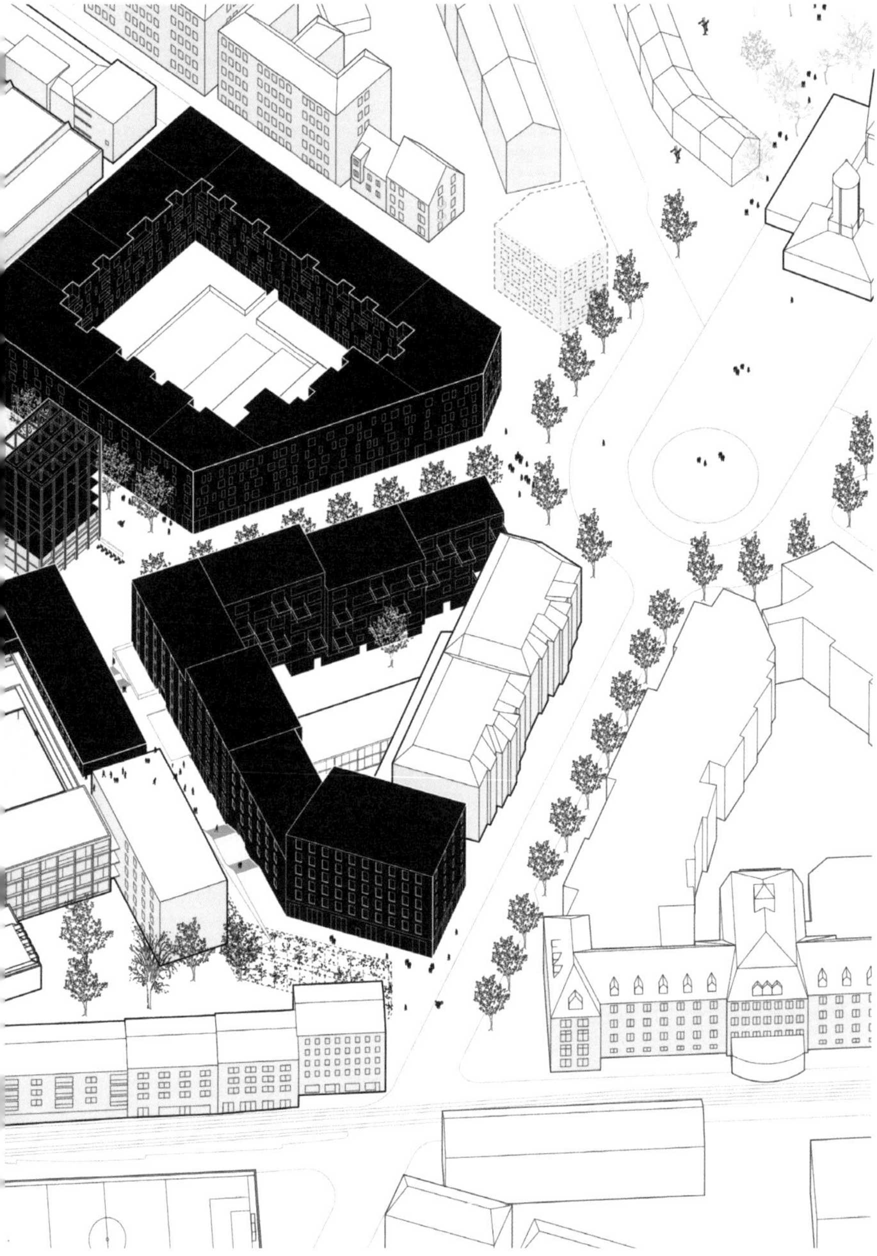

1 Bott, Helmut; Grassl, Gregor; Anders, Stephan 2013: Nachhaltige Stadtplanung — Konzepte für Nachhaltige Quartiere, Detail Business Information GmbH
2 Einkommens- und Verbrauchsstichprobe (EVS) (Forschungsdatenzentrum der Statistischen Ämter der Länder); https://www.forschungsdatenzentrum.de/de/haushalte/evs (12.12.2019)
3 Koalitionsvertrag 2021—2025 zwischen der Sozialdemokratischen Partei Deutschlands (SPD), Bündnis 90 / die Grünen und den Freien Demokraten (FDP), Berlin, den 7. Dezember 2021, S. 69
4 Giedion, Sigfried 1929: Befreites Wohnen. Lars Müller Publishers; 1. Edition (2018), S. 12
5 Teige, Karel 1932: The minimum Dwelling. MIT Press Ltd 2002. S. 17
6 Thoreau, Henry David 1854: Walden; or Life in the Woods Boston. Neuauflage: Walden. Ein Leben mit der Natur. dtv Verlagsgesellschaft mbH & Co. KG; 15. Edition 1999
7 Tol, David J. in Englert, Klaus 2021: Wie wir wohnen werden: Die Entwicklung der Wohnung und die Architektur von morgen. Reclam, Philipp, jun. GmbH, Verlag; 2., aktual. und erw. Edition (12. Februar 2021)
8 Lüchinger, Arnulf 1980: Strukturalismus in Architektur und Städtebau. Mit Originaltexten von Herman Hertzberger, Louis Kahn, Le Corbusier, Kenzo Tange, Aldo van Eyck und andern Mitgliedern des Team Ten. Karl Krämer Verlag, Stuttgart S. 56
9 Taut, Bruno 1936: Architekturüberlegungen, in archplus 194. Taut — Architekturlehre / Architekturüberlegungen, Aachen 2017, S.87
10 vgl. Wohnraumförderungsbestimmungen 2022 (WFB 2022). Bekanntmachung des Bayerischen Staatsministeriums für Wohnen, Bau und Verkehr vom 16. März 2022, Az. 31-4731.1-2-8 (BayMBl. Nr. 204)
11 vgl. DIN 18040-2 Barrierefreies Bauen — Planungsgrundlagen. Teil 2: Wohnungen Ausgabe: 2011—09
12 Oswald Matthias Ungers im Gespräch mit Rem Koolhas und Hans Ulrich Obrist, in archplus 179, Architekturlehre. Berliner Vorlesungen 1964—65, Aachen 2006, S. 11
13 Loos, Adolf 1900: Von einem armen reichen Manne. In: Loos, Adolf: Sämtliche Schriften in zwei Bänden — Erster Band, herausgegeben von Franz Glück, Wien, München: Herold 1962, S. 201—207
14 Loos, Adolf 1898: Die Interieurs in der Rotunde. In: Ornament und Verbrechen, Wien 2012, S.67
15 Taut, Bruno 1936: Architekturüberlegungen, in archplus 194. Taut — Architekturlehre / Architekturüberlegungen, Aachen 2017, S. 176
16 vgl. Bundesinstitut für Bau-, Stadt- und Raumforschung (BBSR) im Bundesamt für Bauwesen und Raumordnung (BBR) (Hrsg.): Prognose der Bestandsmaßnahmen und Neubauleistungen im Wohnungsbau und im Nichtwohnungsbau. BBSR-Online-Publikation 07/2016, Bonn, Juli 2016, S. 3
17 vgl. Le Corbusier: An die Studenten — Die «Charte d'Athenes». Editions de Minuit, Paris 1957 bzw. Rowohlt Taschenbuchverlag: rowohlts deutsche enzyklopädie Nr. 141, Hamburg 1962
18 https://www.frankfurt-tourismus.de/Media/Attraktionen/Bauwerke/Neue-Altstadt#/article/350128be-81e5-4183-9c68-d269cb0edcc0 (20.05.2022)
19 Max Bächer, in: Der Architekt 6/1997, S. 313
20 Der Wettbewerb wurde gemeinsam mit ISA (Internationales Stadtbauatelier Stuttgart) und str.ucture erarbeitet
21 Der Wettbewerb wurde gemeinsam mit Kilian Juraschitz, Yannic Schröder, Esther Rodriguez, Ilter Ünal und Sergi Egea Bohn erarbeitet. Beratung nachhaltige Stadtplanung: Prof. Dr. Helmut Bott
22 Karl Friedrich Schinkel; aus Schinkels Nachlass, Reisetagebücher, Briefe und Aphorismen, hrsg. v. Alfred von Wolzogen, Berlin 1863

1 海穆特·博特，2013年: 可持续城市规划 – 可持续城区的概念, Detail Business Information GmbH
2 对收入和消费的调查 (国家统计局未来中心数据); https://www.forschungsdatenzentrum.de/de/haushalte/evs (2019年12月12日)
3 联盟协议 2021—2025 红黄绿”交通灯执政联盟, 柏林, 2021年12月7日, 69页
4 西格弗雷德·吉迪恩 1929年: 被解放的住宅；Lars Müller Publishers; 1. 2018版, 12页
5 卡雷尔·泰格 1932年: 最小住宅；MIT Press Ltd 2002. 17页
6 亨利·大卫·梭罗 1854年: 瓦尔登湖；dtv Verlagsgesellschaft mbH & Co. KG; 1999年第15版
7 David J. Tol，《在我们将如何生活：住房演变与明日建筑》，David Tol, Marc Koehler Architects, Superlofts, 2017
8 Arnulf Lüchinger，《建筑和城市设计中的结构主义》，斯图加特，1980年, 原文来自赫尔曼·赫茨伯格、路易·康、勒·柯布西耶、丹下健三、阿尔多·凡艾克和十次小组的其他成员
9 Bruno Taut，Arch+杂志 2017年9月25日的文章“陶特建筑理论与思考”；Bruno Taut，《建筑理论》一书第87页
10 参见2022年住房空间补贴条例（WFB 2022）。巴伐利亚州住房、建设和交通部在2022年3月16日发布的公告——Az. 31-4731.1-2-8 (BayMBl.第204号)
11 参见DIN 18040-2无障碍建筑规划原则的第2部分：住宅设计版 (2011—09)
12 来自奥斯瓦尔德·马蒂亚斯·翁格尔斯与雷姆·库哈斯（Rem Koolhas）和小汉斯（Hans Ulrich Obrist）的对话。在Arch+第179期。建筑理论。柏林讲座（1964—65年），亚琛，2006年第11页
13 阿道夫·路斯1900年的文章《一个可怜的有钱人》，来自《阿道夫·路斯全集（两卷本）》的第1卷，由Franz Glück编辑，维也纳、慕尼黑：Herold出版社，1962年，第201-207 页。
14 阿道夫·路斯1898年的文章《圆厅别墅的室内》，来自《装饰与犯罪》（Metroverlag, 2012年）第67页。
15 布鲁诺·陶特1936年的《建筑思考》，来自Arch+第194期“陶特：建筑理论/建筑思考”，亚琛，2017，第176页。
16 联邦建设局的建造，城市空间研究所：对住宅空间新建和改建的预期。BBSR-Online-Publikation 2016年7月刊，波恩，第3页
17 勒·柯布西耶: 雅典宪章, Editions de Minuit, Paris 1957 bzw. Rowohlt Taschenbuchverlag: rowohlts deutsche enzyklopädie Nr. 141, Hamburg 1962
18 https://www.frankfurt-tourismus.de/Media/Attractions/Bauwerke/Neue-Altstadt#/article/350128be-81e5-4183-9c68-d269cb0edcc0 (05/20/2022)
19 Max Bächer，见Der Architekten 6/1997的第313页。
20 该竞赛是与斯图加特国际城市设计事务所（ISA，即Internationales Stadtbauatelier Stuttgart的缩写）和str.ucture合作的。
21 该竞赛是与Kilian Juraschitz、Yannic Schröder、Esther Rodriguez、Ilter Ünal和Sergi Egea Bohn合作的。可持续城市规划顾问：海穆特·博特（Helmut Bott）教授。
22 卡尔·弗里德里希·辛克尔；来自《辛克尔的庄园、旅行日记、信件和格言》，柏林，1863年。

Atelier Kaiser Shen

Florian Kaiser, Dipl.-Ing. freier Architekt BDA, geboren 1987 in Biberach a. d. Riß, studierte Architektur an der Universität Stuttgart und schloss dort 2012 das Diplom mit mehreren Auszeichnungen ab. Während des Studiums Mitarbeit in verschiedenen Büros in Stuttgart, London und Peking. Nach dem Diplom arbeitete er bei Herzog & de Meuron in Basel. Von 2016 bis 2020 unterrichtete er am Institut für Baukonstruktion 3, Prof. Jens Ludloff, an der Universität Stuttgart und gründete 2017 gemeinsam mit Guobin Shen das Architekturbüro Atelier Kaiser Shen. Seit 2022 Jurytätigkeit. Ihre Arbeiten wurden mit verschiedenen Preisen ausgezeichnet, darunter die Hugo-Häring-Auszeichnung 2020 und eine Anerkennung beim BDA Max40-Architekturpreis für junge Architektinnen und Architekten.

Guobin Shen, Dipl.-Ing. freier Architekt BDA, geboren 1984 in Zhejiang China, studierte Architektur an der Universität Stuttgart und schloss dort 2012 das Diplom mit mehreren Auszeichnungen ab. Mitarbeit bei verschiedenen Büros in Stuttgart, Basel und Shanghai, unter anderem bei Herzog & de Meuron und Projektleitung bei kreuger wilkins architekten. 2014—2016 Lehrtätigkeit im Städtebau-Institut Prof. Helmut Bott / Prof. Franz Pesch. Seit 2016 Lehrtätigkeit im Institut für Raumkonzeptionen und Grundlagen des Entwerfens Prof. Markus Allmann an der Universität Stuttgart. Er gründete 2017 gemeinsam mit Florian Kaiser das Architekturbüro Atelier Kaiser Shen. Seit 2020 Jurytätigkeit. Ihre Arbeiten wurden mit verschiedenen Preisen ausgezeichnet, darunter die Hugo-Häring-Auszeichnung 2020 und eine Anerkennung beim BDA Max40-Architekturpreis für junge Architektinnen und Architekten.

凯撒沈工作室

Florian Kaiser，注册建筑师，德国建筑师联合会会员，1987年出生于里斯河畔比伯拉赫，斯图加特大学建筑学硕士，论文也多次获奖。大学期间在斯图加特，伦敦和北京的事务所有实习经历。毕业后就职于瑞士巴塞尔Herzog de Meuron事务所。2016至2020年任教于斯图加特大学结构所，Institut für Baukonstruktion 3, Prof. Jens Ludloff。2017年和沈国斌合伙成立“凯撒沈工作室 ”，2022起也担任各种建筑评委。作品已获得不同奖项，其中包括2020年的Hugo-häring-Auszeichnung和德国建筑师联合会2021年年轻建筑师奖。

沈国斌，注册建筑师，德国建筑师联合会会员，1984年出生于浙江湖州，斯图加特大学建筑学硕士，论文也多次获奖。在斯图加特，巴塞尔和上海的建筑事务所有不同工作经历，其中包括Herzog de Meuron事务所和kreuger wilkins architekten事务所。2014至2016年任教于斯图加特大学城市规划所，Städtebau-Institut Prof. Helmut Bott / Prof. Franz Pesch，2016起任教于斯图加特大学空间概念所Institut für Raumkonzeptionen und Grundlagen des Entwerfens Prof. Markus Allmann。2017年和Florian Kaiser合伙成立“凯撒沈工作室 ”，2020起担任各种建筑评委。作品已获得不同奖项，其中包括2020年的Hugo-häring-Auszeichnung和德国建筑师联合会2021年年轻建筑师奖。

Assoziierte

Kilian Juraschitz, M.Sc. Architektur, geboren 1991 in Oberstdorf, studierte Architektur an der Universität Stuttgart, sowie an der Universidade do Porto und schloss sein Studium 2019 mit dem Master ab. Während des Studiums arbeitete er in Oslo bei Eriksen Skajaa Arkitekter. Seit 2017 Zusammenarbeit mit Atelier Kaiser Shen. Kilian Juraschitz ist als Projektleiter tätig und seit 2022 Assoziierter.

Matthias Stauch, M.Sc. Architekt, geboren 1990 in Darmstadt, studierte Architektur an der Universität Stuttgart und schloss dort 2019 den Master mit mehreren Auszeichnungen ab. Während des Studiums Mitarbeit unter anderem bei Foster + Partners in London sowie bei Herzog & de Meuron in Basel. Seit 2018 Zusammenarbeit mit Atelier Kaiser Shen. Matthias Stauch ist als Projektleiter tätig und seit 2022 Assoziierter.

Mitarbeiter*innen (seit 2017):
Hans Christian Bäcker, Sophia Güldenpfennig, Lea Jürgens, Helene Kerst, Tim Kölle, Vivienne Mayer, Leonie Philipp, Esther Rodriguez, Patrick Schneider, Yanghao Shu, Leonie Stier, Ria Matzat, Viviane Willig

项目合伙人

Kilian Juraschitz，注册建筑师，1991年出生于奥伯斯多夫，斯图加特大学建筑学硕士，在波尔图大学有交流经历。大学期间在奥斯陆Eriksen Skajaa Arkitekter事务所有实习经历。2017年起在凯撒沈工作室工作，现为项目经理。2022起为项目合伙人。

Matthias Stauch，注册建筑师，1990年出生于达姆施塔特，斯图加特大学建筑学硕士。大学期间在伦敦Foster + Partners和巴塞尔Herzog de Meuron事务所有实习经历。2018年起在凯撒沈工作室工作，现为项目经理。2022起为项目合伙人。

公司员工 (自2017年起):
Hans Christian Bäcker, Sophia Güldenpfennig, Lea Jürgens, Helene Kerst, Tim Kölle, Vivienne Mayer, Leonie Philipp, Esther Rodriguez, Patrick Schneider, 舒泱皓, Leonie Stier, Ria Matzat, Viviane Willig

Die Ausstellung und der Katalog werden unterstützt von:
感谢下列公司对本书和展览的赞助：

Karin Abt-Straubinger Stiftung
Building Material Scout (BMS)
Ennogie Deutschland GmbH
GSL.GLASOLUX GmbH
Heyd GmbH Zimmerei — Holzbau
Hoinka GmbH

KARIN ABT-STRAUBINGER Stiftung

Building
Material
Scout

Ennogie

GLASOLUX

Heyd
ZIMMEREI - HOLZBAU

HOINKA